AF523088

BEST
OFF

2. Auflage Februar 2011
3. Auflage Mai Auflage 2013
4. Auflage neues Format Juni 2015
5. Auflage November 2016
6. Auflage Januar 2023

Bibliografische Information der Deutschen Nationalbibliothek: Die Deutsche Nationalbibliothek verzeichnet diese Publikation in der Deutschen Nationalbibliografie; detaillierte bibliografische Daten sind im Internet über http://dnb.dnb.de abrufbar.

Umschlaggestaltung: Birgit Kempke
Layout: Birgit Kempke
Herstellung: Patricia Knorr-Triebe

Best-off-Verlag. Alle Rechte vorbehalten
Postfach 12 03 47· D-93025 Regensburg
Tel. 0 94 04- 96 14 84· Fax 0 94 04- 96 14 85
e-Mail: info@best-off-verlag.de
Homepage: www.bestoffverlag.de

ISBN 978-3-89758-360-3

Ursula Stummvoll

Chan Mi – QiGong

Das Wirbelsäulen-Qigong aus der buddhistischen Zen- und tibetischen Mi-Schule

Millionen von Chinesen praktizieren Qigong

Die Wirkung von

Qigong-Übungen

kann nur so gut sein, wie die Methode, nach der sie praktiziert werden.

Will man die Wahrheit erfahren, die sich hinter Qigong verbirgt,
sollte man es praktizieren.

LiuHan Wen

Inhalt

Vorwort

Dieses Buch ist als Einstieg in das Gebiet des Qigong gedacht, und insbesondere in das des Chan Mi-QiGong. Es enthält Interessantes und Wissenswertes über eine Jahrtausende alte Methode der buddhistischen Zenund der tibetischen Mi-Schule zur ganzheitlichen Gesundung und Gesunderhaltung von Körper und Geist.

Chan Mi-QiGong ist über eine lange Zeit hinweg nach und nach Teil meines Lebens geworden, ohne, dass ich dieses geplant oder angestrebt habe.

Ich unterrichte es seit 1990. Mit jedem Unterricht wird mir bewusster, was die Übungen bewirken und worauf es ankommt. Ich lade Chan Mi-QiGong-Meister nach Europa ein, und ich organisiere Reisen zum Qigong-Unterricht in China.

Ich möchte Ihnen nicht nur übersetzte Übungen vorstellen, sondern Sie wissen lassen, wie ich die Übungen in China erlernt und erlebt habe, und wie sie mir klargeworden sind. Aber auch davon will ich berichten. was mir die einzelnen Meister über Qi, über Gong, über Ursprung und Erforschung von Qigong und vieles andere mehr während eines langen Zeitraums erzählt haben. Weiterhin gebe ich Ihnen praktische Hinweise, wie Sie als Lehrer die Übungen klar und wirkungsvoll vermitteln können.

Das Buch soll ein Beitrag sein, den Menschen scheinbar Verlorengegangenes wieder bewusster zu machen. Ich hoffe, dass Sie durch das Praktizieren der Übungen spüren, dass es etwas zwischen Himmel und Erde gibt und immer gegeben hat, was viele vergessen haben, was aus dem Bewusstsein entschwunden ist und was heute unter dem Namen Qigong wieder einen Platz einnimmt.

Alle Übungen des Chan Mi-QiGong haben eine Basisübung als Grundlage. Die Basis-Übung ist. obwohl Sie so heißt, in ihrer genialen Einfachheit eine sehr hochstehende Übung. Sie ist an kein Alter gebunden und kann im Stehen, Sitzen oder Liegen ausgeführt werden.

In dem vorliegenden Buch wird die Original-Übersetzung der Chan Mi-QiGong-Basisübung vorgestellt. Weitere Schriften werden dann in aufbauende Übungen der Chan Mi-Serie einführen.

Bei der Übertragung dieser Basis-Übung aus dem Chinesischen in die deutsche Sprache habe ich versucht, so nahe wie möglich am chinesischen Text zu bleiben, wie ihn Großmeister Liu Han Wen in seinem Buch »Chinas Chan Mi Gong« niedergeschrieben hat. Mein Dank gilt ihm und nicht zuletzt Wang Li, die mich mit Großmeister Liu Han Wen bekannt gemacht und mir bei der ersten Übersetzungsarbeit geholfen hat. Meinen Dank an alle, die mich immer wieder bei der Verbreitung des Chan Mi-Qi-Gong in Europa unterstützt haben.

Ursula Stummvoll, Gmund, 1998

Meister Wang erzählt

»Ich betrachte mich als einen Verbreiter des Qigong. Das ist beinahe nicht vorstellbar, denn früher war ich ein Gegner. Als ich jung war, gab es in meinem Land viele Losungen mit großen Worten: ›Solange man lebt, muss man kämpfen‹. ›Solange die Karre läuft, soll man sie schieben, bis alle im Kommunismus leben‹. Unter dem Einfluss solcher Losungen war es für mich selbstverständlich, dass ich bis zum Tod kämpfen und arbeiten wollte, um der Menschheit meinen Beitrag zu geben. Ich war überzeugt, wenn ich nicht mehr arbeiten kann, muss ich sterben; nie darf ich eine Last für die Gesellschaft werden.

In den Parks habe ich die Taiji-Übenden ausgelacht, ihre Bewegungen mit dem Fangen von Fischen verglichen. Ich habe sie immer wieder gefragt, wie viele Fische sie bereits gefangen hätten, und wenn sie keine Fische fangen können, wieso sie da soviel Zeit verschwenden.

Völlig unerwarteter Weise änderte sich jedoch die Situation. Ich wurde krank. Mein Herz raste mit bis zu zweihundert Schlägen pro Minute. Am Anfang hielt ich das noch aus, später jedoch wurde mir jegliche Arbeit unmöglich. Sterben war aber nicht einfach; Selbstmord wollte ich nicht begehen. Die verschiedensten ärztlichen Behandlungen blieben ohne Wirkung.

Glücklicherweise traf ich Großmeister Liu Han Wen, den Überlieferer des Chan Mi-QiGong. Schon mit den ersten Übungen hatte ich großen Erfolg. Meine Krankheit besserte sich, ich konnte wieder arbeiten. Durch das Üben erwarb ich unerwartete Fähigkeiten. Ich konnte anderen helfen und sie von ihren Leiden befreien. Eine Wandlung vollzog sich. Ein Ungläubiger wurde zu einem Gläubigen.«

Teil 1

Großmeister Liu Han Wen

Überlieferer und Träger des Wissens von Chan Mi-QiGong

Will man die Wahrheit erfahren, die sich hinter Qigong verbirgt, sollte man es praktizieren.

Zur Erforschung von Qigong müssen alle früheren Erfahrungen herangezogen werden, um Grundlagen für die Ausübung der Praxis zu finden.

Forschungsarbeit unter der Führung von Experten wird es möglich machen, dem überlieferten Qigong eine wissenschaftliche Basis zu geben, um seine Bedeutung für die körperliche und geistige Gesundheit der Menschen hervorzuheben.

Der Mensch steht zwischen Himmel und Erde.
Er ist Körper und auch Geist.
Qigong wird beiden Aspekten gerecht.

Großmeister Liu Han Wen, geb. 1921, wurde das Wissen des buddhistischen Qigong von seinem Urgroßvater, seinem Großvater und Vater übermittelt. Seine Vorfahren, Ärzte seit drei Generationen und ZenBuddhisten wie er, haben ihm auch ein umfassendes Wissen der »Traditionellen Chinesischen Medizin« (= TCM) überliefert.
Liu Han Wen selbst begann in sehr frühem Alter, die Übungen zu praktizieren. Er verfügt über ein in sechzigjähriger Praxis erworbenes medizinisches Wissen und über große Erfahrung auf dem Gebiet der Heilbehandlung mit Qigong, mit Akupunktur und der Heilwirkung von Kräutern.
Großmeister Liu Han Wen, pensionierter Kader der »State Commission of Physical Culture and Sports«, ist der erste, der diese bis dahin nur mündlich überlieferten Übungen aufgezeichnet hat. Das in Geheimschrift festgehaltene Wissen der Übungen war nur auf einige Auserwählte beschränkt

und wurde in geschlossenen Zirkeln unterrichtet. Zurzeit sind diese besonderen Geheimnisse nur einigen Personen bekannt und in Gefahr verlorenzugehen.

Ende der 50er Jahre begann Liu Han Wen, Chan Mi-QiGong auf dem Gebiet der Sportmedizin einzusetzen. Er ist Meister in der außergewöhnlichen Anwendung seines Wissens auf diesem Gebiet. 1980 hat Liu Han Wen mit anderen prominenten Persönlichkeiten aus dem Qigong-Zirkel eine Forschungsgruppe ins Leben gerufen.

Im Frühjahr 1984, nach vier Jahren des Experimentierens und Sammelns von Erfahrungen, fand ein erster Chan Mi-QiGong-Lehrgang in der Liaoning Provinz statt.

Zurzeit gibt es Chan Mi-QiGong-Lehrzentren überall in China. In Qigong-Zeitschriften wurde ausführlich über Chan Mi-QiGong berichtet, und es wurden Kassetten und Videobänder für die Übertragung im Radio und Fernsehen hergestellt. In den letzten Jahren haben Forschungsinstitute und medizinische Institutionen in China und im Ausland Interesse an den Chan Mi-QiGong Übungen gezeigt.

In Deutschland wird Chan Mi-QiGong seit 1990 verbreitet. 1994 wurde eine Chan Mi-QiGong Fördergemeinschaft e.V. gegründet, die u.a. Lehrer ausbildet.

Großmeister Liu bildet national und international ChanMi-QiGongLehrer aus und unterhält ein Lehrund Forschungszentrum in China, welches von Gästen aus aller Welt besucht werden kann.

Qigong, so alt wie die Menschheit

»Qigong gehört nicht nur den Chinesen, es gehört allen Menschen dieser Welt.«

Diejenige Qigong-Schule, die eine gute Methode und eine gute Theorie hat, ist als überlegen zu bezeichnen.
Diejenige Qigong-Schule, die eine gute Methode anwendet, aber keine Theorie als Basis hat, kann man als mittelmäßig bezeichnen.
Diejenige Qigong-Schule, die weder eine Methode noch eine Theorie als Basis hat, ist ungenügend und sollte deshalb ignoriert werden.

Großmeister Liu Han Wen

In China werden insgesamt fünf Gruppen von Qigong-Schulen unterschieden:

- Daoistische Schule
- Buddhistische Schule
- Konfuzianische Schule
- Medizinische Schule
- Kong Fu, eine den Körper stärkende Schule.

Das Wort **Qigong** erschien in China zum ersten Mal in den vierziger Jahren unseres Jahrhunderts, verbreitete sich aber nicht.

Früher hieß Qigong:

»Xiu Lian« Ausdehnung und die Vervollkommnung des inneren Selbsts.
»DaoYin« oder *»Dou Yin«* Leiten und Führen des Qi.
»Tu Na« Ausstoßen und Aufnehmen von Qi.
»Lian Dan« in der daoistischen Alchimie so viel wie die Unsterblichkeits-Pille herstellen, wobei der Ofen der Unterbauch ist, das sog. Dantian.
»Xiu Chan« Zen-Meditation oder tiefe Meditation.

Erst in den fünfziger Jahren dieses Jahrhunderts wurde der Name Qigong in China überall akzeptiert. In der damaligen politischen Situation jedoch wurde Qigong nur im Untergrund verbreitet. Besonders in den Sechziger Jahren während der Kulturrevolution war Qigong verpönt, und viele wertvolle, kulturelle Überlieferungen wurden zerstört und gingen verloren. Manch großer Meister wurde angeprangert und in den Tod getrieben. Die Kulturrevolution erschöpfte sich langsam, die Leute waren müde davon. Ein Qigong-Boom begann, der in den Achtziger Jahren einen Höhepunkt erreichte, einen Aufschwung, der das ganze Land erfasste.
Qigong hat es jedoch schon in der Frühzeit gegeben. Die Entstehung und Verbreitung der Religionen haben das Qigong noch vertieft, gefördert und bekanntgemacht. Was wir jetzt Qigong nennen, darunter verstehen wir das, was uns aus China überliefert wurde. Dadurch dass wir es jetzt Qigong nennen, entspricht es mehr den Menschen der Jetztzeit und wird so leichter akzeptiert.
Unter Qigong verstehen wir die Methoden der Übungen, die die Chinesen auf Grund ihrer Kultur und ihrer Geschichte entwickelt haben; sie sind rein Chinesisch. Eigentlich gehören Yoga aus Indien und Meditationen in den westlichen Ländern zur gleichen Kategorie. Aber sie sind nicht chinesischen Ursprungs, und man nennt sie anders. Soviel zur Geschichte des QiGong.

Qigong ist Hauptbestandteil der chinesischen Medizin

Es ist wahrscheinlich, dass die Theorie der Traditionellen Chinesischen Medizin (TCM) über das, was wir heute Qigong nennen, entwickelt wurde. (Siehe auch Teil 3: Theorie)

Dazu müssen ein paar Erklärungen gegeben werden: Die TCM, beruht auf der Erweiterung des eigenen Selbst. Nur auf dieser Grundlage konnte sie entstehen und sich entwickeln. (Siehe auch Teil 6: Der spirituelle Aspekt). Dazu ein Beispiel: Hua Tuo war in der Zeit der Drei Reiche (220 bis 280 n. Chr.) ein Wunderarzt, ein Mensch, der die Allbewusstheit anstrebte. Damals gab es keine Möglichkeit, mit Geräten medizinische Untersuchungen durchzuführen. Hua Tuo aber war in der Lage zu erkennen, dass Cao Cao, ein großer Herrscher dieser Zeit, einen Tumor im Gehirn hatte, und er wollte ihn operieren. Cao Cao jedoch war ein sehr argwöhnischer Mann. Er glaubte, die Operation sei ein Vorwand, um ihn zu töten, und er ließ Hua Tuo hinrichten.
Wie nun konnte Hua Tuo von diesem Tumor wissen? Er muss eine Methode des Qigong benutzt haben, wenn es auch zu dieser Zeit das Wort Qigong noch nicht gab.
Vielleicht ist dies eine Erklärung dafür, wie die TCM zu der Theorie der Meridian und Leitbahnensysteme kam. Ohne Xiu Lian (= Qigong, Ausdehnung des Selbst) und die dadurch erhaltenen Sonderfähigkeiten wäre dies nicht möglich gewesen.

Qigong wird und wurde immer unter den verschiedensten Namen in aller Welt praktiziert.
Die uns jetzt bekannten Methoden des Qigong wurden vorwiegend von daoistischen und buddhistischen Mönchen entwickelt und geübt. In ihren Klöstern wurde Qigong gelehrt. Vollendete Methoden wurden mündlich weitergegeben, von den Meistern an auserwählte Schüler.

Da Qigong große Kräfte freisetzt, waren die Übungen sehr wohl unterteilt in Methoden, die öffentlich weitergegeben werden durften und solche, welche nur Eingeweihten zugänglich waren, die verantwortungsvoll mit diesen Kräften umgehen konnten. Alle diese Methoden wurden in einem Geheimkode festgehalten.
Es gibt heute nur noch wenige lebende Meister, wie Liu Han Wen, die Wissen über die verschlüsselt festgehaltene Anwendung der Kräfte haben oder solche Methoden mündlich weitergeben könnten. In China droht dieses Wissen verlorenzugehen.
Qigong ist an keine Religion gebunden, die Klöster waren nur der Ort, an dem dieses Wissen aufbewahrt und gelehrt wurde.
Wissen um Qigong hat es selbstverständlich auch immer schon in unserem Kulturraum gegeben, nur wurde es nicht als solches bezeichnet. Oft wurden von sehr einfachen Leuten durch Handauflegen oder mit anderen »mystischen« Anwendungen Krankheiten geheilt, meist dann, wenn die Schulmedizin keinen Weg mehr wusste.
Wir würden diese Praktiken heute als Qigong bezeichnen, allerdings nur als einen Aspekt von dem, was Qigong wirklich ist.

Qigong verspricht, wenn es regelmäßig praktiziert wird, Krankheiten vorzubeugen oder sie zu heilen und die Intelligenz und Wahrnehmungsfähigkeit zu steigern.

Die Anzeichen, dass wir in ein neues Zeitalter eintreten, sind nicht zu übersehen. Es wird in der Medizin neue Therapie-Formen geben, bei denen eine Krankheit bereits im Energiefeld (Aura) des Menschen erkannt wird, bevor Sie sich im Körper manifestiert. Wir werden lernen, das Energiefeld des Menschen, seine feinstofflichen Hüllen, zu sehen, was über Qigong möglich ist, und was mit Hochfrequenz-Photographie bereits aufgenommen werden kann.
Im sogenannten Qigong-Zustand dehnen wir unser Energiefeld aus und erreichen Schwingungsfelder, die denen unserer feinstofflichen Hüllen entsprechen. Auf diese Weise wird dann die sogenannte Aura für uns sichtbar. Homöopathie und Akupunktur nehmen seit langer Zeit, so wie auch Qigong, Einfluss auf die feinstofflichen Körper des Menschen.

In Beijing, 1987, hatte ich das Glück, Großmeister Liu Han Wen, einem dieser noch lebenden alten Meister zu begegnen. Alles Wissen, was in diesem Buch aufgezeichnet ist, haben er und zwei von ihm ausgebildete Meister mir über die Jahre vermittelt.

Über den Ursprung

Chan Mi-QiGong ist eine der großen Qigong-Schulen innerhalb der Qigong-Forschungsgesellschaft in China. Eine Nachforschung ergab, dass das Chan Mi-QiGong einer Richtung der buddhistischen Zenund der tibetischen Mi-Schule angehört, und das Wissen nur einem Zirkel Eingeweihter zugängig war.

Bei der Verbreitung der tantrischen Mi-Schule während der Tangzeit, etwa 600 nach Chr., traten einige Probleme auf. Es gab Übungsmethoden, die von Mann und Frau zusammen praktiziert wurden.

Diese tantrische Schule entsprach nicht der chinesischen moralischen Anschauung. Ihre Praktiken wurden vom kaiserlichen Hof verboten und durften nicht verbreitet werden. Im Untergrund blieben sie jedoch erhalten und wurden im Geheimen weitergegeben.

Der Urgroßvater von Liu Han Wen, Arzt und Buddhist, hat einige dieser Praktiken der Mi-Schule überliefert. **Liu Han Wen** ist der Träger in der vierten Generation, der diese Überlieferung erhalten hat. Seine Tante war eine große daoistische Meisterin, die als Heilige verehrt wird.

Chan Mi-QiGong kommt somit heute nicht nur aus der buddhistischen Schule, obwohl sie den Hauptteil des Chan Mi-QiGong ausmacht, sondern ist vermischt mit daoistischen Übungsmethoden und auch ärztlichem Wissen.

Die Lehre der Mi-Schule wurde vorher nie aufgeschrieben, sondern nur mündlich überliefert.

Meister Liu hat seit 1980 diese Methoden erstmals zusammengestellt, aufgeschrieben und veröffentlicht. Seit 1984 ist Chan Mi-QiGong in ganz China bekannt und beliebt und hat inzwischen auf allen Kontinenten Fuß gefasst.

Es folgt eine Zusammenfassung aus einer Untersuchung des Ursprungs von Chan Mi-QiGong des Gelehrten Yuan Hong Shou:

Die Mi-Schule des inneren Zirkels des tibetischen Buddhismus wurde auf dem Höhepunkt der Tangzeit, der »Kai Yuan«, in den Jahren von 618 bis 907 nach China gebracht. Der Begründer dieser Schule war der große Gelehrte **Lian Hua Sheng, Der Lotusblumen-Geborene**.

Er wurde 491 v. Chr., acht Jahre nach dem Tod von Gautama Buddha, am 10. des 7. Monats des Mondkalenders in Westindien geboren, er lag auf einer bunten Lotusblume.
Der König von West-Indien, An Zhang Bo De, hat dieses Kind zu sich genommen, es zum Kronprinzen ernannt und ihm Wen Chan You zur Frau gegeben. Lian Hua gab später den Thron auf, wurde Mönch und nahm die Gelehrten aus Anam als Lehrer an. Er lernte bescheiden und asketisch und übte sich in der Meditation.
Von den Gezeiten des Meeres lernte er die fünf Phasen des Hörens. Aus fünf Sutren lernte er die vom Herzen übertragenen höchsten Naturgesetze. Der Prozess einer körperlichen Wandlung wurde durch ein Eingießen in den Scheitel vollzogen, und er ging als **Göttin »Guan Shi Yin«, Buddha der Barmherzigkeit,** hervor.
Der König von Tibet, Che Song De Chen, lud ihn in sein Land, und er ging von Indien nach Tibet. Dort wurde er der Begründer und erste Meister der tibetischen buddhistischen Schule. Er starb in Tibet. Aus dieser erst Weißen Religion wurde später die Gelbe Religion, die von Song Ke Ba gegründet wurde. In der Mi-Schule der tibetischen Religion war jene Göttin »Guan Shi Yin« diejenige, die am meisten beachtet wurde. Die Anhänger der Mi-Schule, nannten diese Gottheit **Lü Du Mu, Güne Rettende Mutter.**

»Chan«, Zen-Buddhismus, hat seine Wurzel in China. Der Einstieg in die Unterweisung ist die Meditation. Die Zen-Schule hat eine große Verehrung für die Gottheit Guan Shi Yin. Die Gottheit Guan Shi Yin war sowohl das Vorbild der buddhistischen Mi-Schule als auch des Zen-Buddhismus. In der Sutra »Leng Yan Jing« kann man sowohl über die Selbstbekenntnisse der Guan Shi Yin als auch über den Vorgang ihrer Meditation lesen. Der Text hat jeweils vier Zeichen in einer Zeile und beginnt:

> »Chu Yu Wen Zhong« ...
> Der Inhalt des Beginns des Textes ist knapp zusammengefasst folgender: Zu Beginn, wenn man in der Welt lebt, sieht man die Menschen kommen und gehen, sie werden geboren, und sie sterben, und sie fühlen sich ausgeliefert. Durch Meditation gelangt man zu der Erkenntnis, dass das Leiden der Menschen durch Sehnsüchte und Wünsche, die sich nicht erfüllen, entsteht.

> Betrachtet man jedoch alles Geschehen als nicht so wichtig, wird man von den Leiden erlöst; betrachtet man die Welt als leer und nichtig, wird man froh.

Buddha ist ein Mensch und keineswegs Gott, jedoch hatte er Weisheit und Erleuchtung erlangt. Aus diesem Grund ist Buddhismus keine Religion.

Es wird erzählt, Guan Shi Yin hat am Meeresstrand durch »Xiu Lian« = Qigong die Ausdehnung und damit die Vervollkommnung des inneren Selbst erfahren hat. Täglich hörte die Gottheit das Kommen und Gehen der Gezeiten. Als sie an einem frühen Morgen erwachte, war alles ruhig, kein Laut. Von weitem näherte sich dann das Geräusch der hereinkommenden Flut und hat die Stille durchbrochen. Später nahm die Ebbe das Geräusch wieder mit hinaus, Ruhe trat ein, aber die Flut brachte das Geräusch wieder zurück. Guan Shi Yin entdeckte die Fähigkeit, das was sie hörte, ins Ohr hineinzulassen und mit der Abnahme des Geräusches wieder hinausfließen zu lassen. Nur wenn man so hört, kann keine Verwirrung entstehen.
Werden und Vergehen ist wie das Kommen und Gehen der Gezeiten.

Anmerkung:
Die Aussprache von »Qigong«: Das »Qi« spricht man wie »Tschi«, dabei geht die Betonung wie bei der Tonleiter vom T bis zum i nach unten. »Gong« wird Gung ausgesprochen, dabei bleibt der Ton auf der gleichen Höhe. Die Schreibweise »Qigong« entspricht der seit 1958 in China eingeführten Pin Yin-Umschrift. Andere Schreibweisen, wie Ch' i Kung USW., sind aus früheren Zeiten noch in Taiwan und Hongkong gebräuchlich.

Teil 2

Wie Chan Mi-QiGong nach Deutschland kam

Als mein Mann und ich 1985 für eine deutsche Firma nach China gingen, war Chan Mi-QiGong außer in China nirgends in der Welt bekannt, weder in Deutschland noch in irgend einem anderen Land. Auch waren mir Worte wie Taiji und Qigong völlig fremd. Zwar hatte ich über Film und Fernsehen von asiatischen Kampfsportarten gehört, wusste jedoch nicht, welche Kräfte da zur Wirkung kommen.
Um wahrzunehmen, wie weit die Reise in dieses große, fremde Land war, wählte ich den Landweg und folgte meinem Mann mit der Sibirischen Eisenbahn nach China. Zu dieser Zeit herrschten in Peking noch relativ primitive Verhältnisse. Die Chinesen trugen ihre blaue, graue und grüne Einheitskleidung. Man sah sie vor den Läden stehen, um Kohl, Reis, auch Fleisch, lebenden Fisch und lebendes Geflügel zu kaufen; sonst gab es außer Süßigkeiten nichts.
Die Firma hatte im Minzu Hotel an der Chang An, der großen Prachtstraße Pekings, ein Büro eröffnet. Mehrere Doppelzimmer dienten als Büroräume. Drei Monate lang wohnten wir in einem der kleinen Zimmer mit Bad, bezogen dann aber eine ganze Suite in dem chinesischen Ritan Hotel. Die chinesischen »boys« gingen dort während unserer Abwesenheit ein und aus, machten es sich gemütlich und probierten vor allem unsere Elektronik aus.

Die Energie der Bäume

Vom Balkon unseres Hotels blickte ich in den Ritan Park, den Park des Sonnenaltars. Zur Zeit des Sonnenaufgangs sammelten sich dort vereinzelt alte Männer, die in ihren Händen etwas hinund herschwangen, das wie blaue Gasflaschen aussah. Diese hängten sie in die Bäume und

nahmen die blaue Stoffverkleidung ab. Es kamen Vogelkäfige zum Vorschein, In denen Singvögel wunderschön zu singen begannen.
Etwas später trafen im Park einige wenige Chinesen ein und begannen mit langsamen, fließenden Bewegungen oder standen in einem gewissen Abstand bewegungslos vor Bäumen, als ob sie sie umarmen wollten. Ging ich etwa um acht, neun Uhr hinunter in den Park, konnte ich wahrnehmen, dass mit Bäumen und Sträuchern etwas passiert war: sie sahen schlaff und ausgesogen aus. Später erfuhr ich von meinen Studenten, die Chinesen benutzen die Energie, das Qi der Pflanzen und Bäume, um sich damit aufzuladen. Dabei wurde mir versichert: Die Pflanzen erholen sich wieder.
Jahre später fragte eine Chan Mi-QiGong Seminar-Teilnehmerin in Deutschland einen Meister, der nicht mehr in unserer Daseinsform lebt, wie wohl die Tanne sich fühlt, deren Energie wir uns gerade geholt haben: »Ich stand wie ein Kind vor dieser Tanne, und ich würde so gerne wissen, wie die Tanne sich gefühlt hat, als wir alle vor ihr standen und etwas haben wollten. Wie sie sich jetzt fühlt und wie das überhaupt so aussieht?«
Sie bekam die Antwort: »Diese Schwester, die Tanne, gab euch in Liebe. Etwas in euch war doch auch bereit, ihr, der Tanne zu geben, ihr habt ja nicht nur von ihr genommen. Sie gab euch also von der Fülle, die sie abgeben konnte, und sie selbst wurde gespeist von der Kosmos-Energie. Ihr seht, es ist immer ein Kreislauf, das ewige Rad. Und so gab sie euch in Liebe, und sie ist dankbar, dass sie mit eingebunden war in diesem Energieaustausch. Das sollte euch nicht belasten, im Gegenteil, ihr seid es, die euch Energie nehmen dürft. Sorge Dich nicht um diese Tanne, sie wird ein wenig mehr von dieser Energie erhalten.«
Die Beobachtung der Energiespeisung im Ritan Park war mein erster, allerdings mehr unbewusster Kontakt mit Qigong. Es kam mir jedoch noch keinesfalls in den Sinn, mich damit auseinanderzusetzen. Auch war mir nicht klar, dass die Chinesen mit den langsam fließenden Bewegungen Taiji oder ein Bewegungs-Qigong übten, und dass diejenigen, die so still vor den Bäumen standen, das stille Qigong praktizierten.

Chinesisch lernen

Ich fasste den Entschluss, die chinesische Sprache zu lernen. Mit Hilfe der Firma meldete ich mich zu einem Sprachkurs im Beijing Language Institute an.

Die anderen Kursteilnehmer waren fast nur Japaner. Unser Lehrer sprach weder Deutsch noch Englisch und beherrschte auch nicht die Pin Yin-Umschrift. Er schrieb nur chinesische Zeichen an die Tafel, mit denen Japaner keine Probleme haben. Die Töne sang er und demonstrierte sie, indem er mit seinem Zeigestock nach vorn, schräg oben oder unten schoss. Das war alles sehr komisch, nur leider erreichte mich das meiste, was er zu vermitteln versuchte, nicht. Den Klang der Sprache habe ich jedoch im Ohr behalten. Die Unterrichtsbedingungen waren zu dieser Zeit beschwerlich. Es war Winter und sehr kalt, und es gab keine Heizung. Wir saßen in Decken und Schals gehüllt. Die sanitären Einrichtungen waren schlichtweg unzumutbar. Mein Schweizer Kommilitone Paul deutete, während er mit seinem Schweizer Messer spielte, auf seine Militärstiefel und sagte in seinem Schwyzer Dütsch: »Ein Schweizer ist für alle Situationen gut ausgerüstet, die Benutzung der Toiletten ist nur eine Sache des Schuhprofils.« Das machte Sinn, und ich folgte seinem Beispiel. Paul war, wie ich später erfuhr, Präsident einer Schweizer Bank in Hongkong.

Der Besuch des Beijing Language Institutes brachte mir einen Job an der Qing Hua Universität in Beijing für sechs Yuan die Stunde ein. Das war etwa das Zehnfache eines Professorengehaltes. Ein Englischlehrer aus Kanada war ausgefallen. Von Beruf Ingenieurin, übernahm ich 28 junge chinesische Ingenieure, Damen und Herren, und brachte ihnen in einem Crash-Kurs Fachsprache für Ingenieure bei, sechs Monate lang, 16 Stunden die Woche. Es war eine wunderbare Zeit mit sehr vielen Privilegien, wie Kontakte mit chinesischen Familien, die zu dieser Zeit mit Ausländern nicht erlaubt waren und um die ich fast beneidet wurde. Da ich das Essen in der Mensa nach zwei Versuchen weder ansehen noch essen konnte, bekam ich außer zwei Betreuerinnen auch noch einen eigenen chinesischen Koch.

Es war Sommer 1985. Das Thermometer zeigte im Juli und August 36 bis 38 Grad. Dazu betrug die Luftfeuchtigkeit 90 Prozent. Auch nachts kühlte es nicht wesentlich ab, und es gab keine Klimaanlage.

Die Chinesen rollten ihre weißen Unterhemden bis unter die Achseln hinauf, und das Leben in den kleinen Gassen, den Hutongs, spielte sich nur draußen ab.
Unser Hotel stand neben einem Krankenhaus, in dem zwei bis dreimal die Woche Klinikabfalle, vermutlich ohne jede Filteranlage, verbrannt wurden. Ich hatte nie gewusst, dass Gestank physisch weh tun kann. Ich litt, wobei die Hitze leichter zu ertragen war als der Gestank.
Mit dem Essen war es 1985 noch sehr karg bestellt. Ich habe die acht Monate, die wir in diesem Hotel lebten, nur Weißkraut, Reis und Sojabohnenquark gegessen, scharf und weniger scharf, mit und ohne Sojasauce. Es gab auch Schweinefleisch und manchmal Huhn, aber vor beiden empfand ich Ekel. Wenn wir auch ab und zu die Möglichkeit hatten, in den zwei internationalen Hotels zum Essen zu gehen, war vermutlich doch die einseitige, ölige, gebratene Alltagskost, sowie der Stress durch Gestank und Hitze Auslöser dafür, dass ich mit schweren Angina-Pectoris Anfallen in ein chinesisches Krankenhaus eingeliefert wurde. Über diese Krankheit kam ich zu Qigong. Meinem Mann aber verdanke ich die Voraussetzungen dazu. Sieben Jahre lang hatte er seine ungeteilte Aufmerksamkeit auf das Ziel gerichtet, sich nach China versetzen zu lassen. Er beschaffte sich chinesische Literatur, aß mit Stäbchen und versuchte sich in Schriftzeichen. So hat er uns über die Schaffung von Vorstellungsbildern und konzentrierte Aufmerksamkeit auf ein Ziel bezeichnenderweise die beiden Hauptaspekte von Qigong nach China gebracht. Meine Erkrankung tat dann das Übrige.
Von anderen Deutschen hatte ich gehört, dass es Übungen gibt, die man Taiji nennt, gleichzeitig jedoch wurde ich auch davor gewarnt. Es sei besser, diese Übungen nicht zu praktizieren, sie könnten zu geistiger Verwirrung fuhren, einen krank oder aggressiv machen.
Natürlich liegt in solchen Aussagen immer ein winziges Körnchen Wahrheit, und es gibt wohl auch solche Methoden und Praktiken, die für labile Menschen nicht geeignet sind. Die Frage der Gefährlichkeit ist eine ganz natürliche Frage, die Kursteilnehmer stellen und die auch ich gestellt habe. Ich kann die Frage nach der Gefährlichkeit jedoch und das nach jahrelanger Erfahrung mit einem ganz klaren Nein beantworten. Auch die chinesische Regierung unterstützt die Übungs-Methode von Chan MiQi-Gong.

Erster Kontakt mit Qigong

Mein Mann hatte über seine Firma natürlich auch chinesische Kontakte, und einer seiner chinesischen Verhandlungspartner war mit Frau Li verheiratet. Frau Li unterrichtete Deutsch an dem ersten Fremdsprachen-institut in Peking, und sie war die erste, die mir etwas Konkreteres über Qigong erzählte. Ihr Hörverständnis in Deutsch war nicht sehr gut, jedoch hatte sie eine ausgezeichnete Aussprache.

Frau Li gab mir eine erste Erklärung für Qi

»Qi ist die Lebenskraft, die in Dir ist, die um Dich ist und einfach überall ist«, sagte sie. »Wenn wir Qigong üben, stoßen wir die verbrauchte, kranke Lebenskraft aus und nehmen neue frische Lebenskraft auf.«
Für den Beginn reichte mir diese Erklärung. Später hat sich dann mein Verständnis über Qi noch erweitert.

Chan Mi-QiGong-Unterricht wird geplant

Frau Li hatte mein Interesse geweckt. Sie merkte es und meinte: »Ja, im August ist da so ein Treffen von Qigong-Meistern aus dem ganzen Land, und Großmeister Liu Han Wen wird ein zehntägiges Chan Mi-QiGong Seminar leiten. Es werden noch zwei Meister dabei sein, die ihn bei der Vermittlung der Übungen unterstützen.«
Einer dieser Meister war eine Meisterin, **Ma Hui Wen**. Sie war inzwischen schon viele Male auf meine Einladung in Deutschland. Sie war es, die mir geholfen hat, Chan Mi-QiGong in Europa zu verbreiten. Später sind ihr weitere Meister und auch Großmeister **Liu Han Wen** gefolgt.
Frau Li erwähnte, sie wolle an diesem Kurs teilnehmen und habe deshalb bereits einen Antrag gestellt. Ich sagte: »Da gehe ich mit!« Sie machte mir wenig Hoffnung, dass es einem Ausländer erlaubt sein würde, an solch einer Veranstaltung teilzunehmen.
Das war im Mai 1987, kurz nachdem ich aus dem Krankenhaus kam und mir dringend empfohlen worden war, umgehend nach Deutschland zu fliegen, um mich einer Bypass-Operation zu unterziehen. Meine spontane Reaktion auf diese Empfehlung war: »Nein, lieber sterbe ich!«

Mein Zustand war derart, dass ich keine drei Schritte ohne Schweißausbruch gehen konnte. Ich schleppte mich mühsam bis zum August durch den Sommer, immer mit der Nitro-Flasche in der Hand, aus der ich mir eine Tablette nach der anderen unter die Zunge legte. Zum Glück wohnten wir inzwischen in den Lido-Appartements, die mit Klimaanlage ausgestattet waren.

Ich war wild entschlossen, einem Bypass zu entgehen und einen Versuch mit Qigong zu unternehmen. Auch sah ich nichts, was der Teilnahme an so einem Kurs im Wege stehen konnte.

Der von Frau Li vorgeschlagene Kurs sollte in einem KaderGenesungsheim am Fuß der Westberge, 50 km von Peking entfernt, stattfinden. Das Genesungsheim lag an der Rückseite des Tempels »Azurblaue Wolke«. Frau Li sah meine Entschlossenheit zur Teilnahme und schlug vor, wir sollten dort hinfahren, sie kenne die Betreuerin dieses Heimes, eine Frau Fan. Frau Fan praktiziere selber Qigong und nehme auch Patienten an. Sie sei die Organisatorin dieses im August geplanten Meister-Kurses.

Ich bestellte ein Auto, und wir fuhren hinaus, um die Möglichkeiten zu besprechen, wie ich in diesen Kurs einzuschleusen sei. Es waren über hundert Teilnehmer aus dem ganzen Land angemeldet.

Der Hof des Kaderheims war, im Gegensatz zu anderen Lokalitäten, wunderbar aufgeräumt. Überall standen Töpfe mit Blumen. Frau Fan selbst, eine gut aussehende, schlanke, wache Chinesin, so um die Vierzig, stand in einem Raum, in dem etwa zehn Patienten auf Stühlen in einer Reihe vor einer Wand saßen. Sie ging vor den Patienten auf und ab und jonglierte dabei in einer Hand mehrere Akupunkturnadeln. Mit unglaublicher Geschicklichkeit platzierte sie eine Nadel hier und eine Nadel dort. Ab und zu ließ sie einen der Patienten aufstehen und hielt ihm die Hand mit kreisenden Bewegungen über den Kopf, ohne ihn jedoch zu berühren. Daraufhin fing der Patient an, sich wie ein ausleiernder Kreisel zu drehen und hätte eigentlich umfallen müssen, aber die Hand schien ihn wie ein Magnet zu halten. Einer anderen Person hielt sie ihre Hand vor die Brust. Mit seltsamen Handbewegungen, die den Patienten jedoch wiederum nicht berührten, veranlasste sie diesen, mit Händen und Füßen auszuschlagen. Mir wurde etwas angst.

Später begriff ich, dass Frau Fan bei diesen Patienten einen Energieausgleich vorgenommen hatte, in China eine ganz normale Praxis, um die Yinund Yangkräfte im Körper zu harmonisieren. Auch erfuhr ich, dass Frau

Fan die Blockaden in den Meridianbahnen sah und deshalb ihre Nadeln so gezielt platzieren konnte. Für einen mit der TCM vertrauten Chinesen ist es undenkbar, eine Nadel ohne Qi-Zugabe zu setzen, genauso undenkbar, wie eine Massage ohne Qi-Zugabe durchzuführen.
Eine junge Ärztin aus Peru, die in Peking an einem Institut für chinesische Medizin für Ausländer Akupunktur erlernte, erzählte mir, dass sie auch die Gabe habe, die Meridianbahnen zu sehen. Sie sagte, sie sehe fünf dicht nebeneinander liegende Lichtfäden, auf denen kleine leuchtende Sternchen wie auf Bahnen fließen.
Der Energieausgleich, wie Frau Fan ihn durchführte, ist eine hochentwickelte Form der Behandlung. Ungeheuer beeindruckend war es, mit welcher Selbstverständlichkeit Frau Fan die Behandlung an über zehn Patienten gleichzeitig vollzog, und genauso selbstverständlich ließ sie uns zuschauen. (Bei einem späteren Besuch in diesem KaderGenesungsheim wurde mir erzählt, dass Frau Fan 1990 nach Amerika geholt wurde.)
Frau Fan hatte dann Zeit für uns, und Frau Li stellte die Frage, wie das nun mit meiner Teilnahme an dem geplanten Kurs sei. Ich nehme an, dass eine zugesagte Bezahlung in Dollar nicht ganz unwesentlich war bei der späteren Entscheidung, mich zuzulassen. Trotzdem ist es nicht ausgeschlossen, dass das Zusammentreffen mit den Meistern im Plan meines Lebens vorgesehen war und die Ereignisse sich dorthin entwickelt haben.
Frau Li selbst hatte noch keine Zusage für die Teilnahme an dem Kurs und sollte sich erst einmal dafür qualifizieren. Sie begann, unter einer Kiefer stehend, die Basis-Übung des Chan Mi-QiGong zu zeigen. Das Qi der Kiefer ist für die Aufladung des menschlichen Körpers besonders wohltuend. Nach der Vorführung nickte Frau Fan und bestätigte damit, dass Frau Li keine Anfängerin mehr war und an dem geplanten Qigong-Kurs teilnehmen konnte. Die weiteren Verhandlungen verstand ich nicht.
Mir wurde anschließend noch mein Zimmer in dem ebenerdigen Kader-Genesungsheim gezeigt. Entlang dem Gebäude zog sich ein Gang, der nach draußen keine Fenster, jedoch Rahmen mit Fliegengaze hatte. Das war etwas eigenartig, da es 1987 in Peking weder Fliegen noch Mücken oder Vögel gab. Im Frühjahr, wenn Bäume und Büsche gerade auszuschlagen begannen, konnte man in Pekings Straßen Kübelwagen sehen, auf denen völlig ungeschützte Arbeiter und Arbeiterinnen alles, was Grün zu werden versprach, mit Chemie aus Spritzpistolen besprühten. In späteren Jahren

jedoch trugen die Arbeiter wenigstens einen Mundschutz und weiße, flache Stoffmützen.
Von diesem Gang gingen Türen in kleine Zimmer. An der Rückseite der Zimmer führte jeweils eine Tür in ein kleines, geweißeltes Kabuff mit einer westlichen Kloschüssel. Aus dem Duschkopf an der Decke tropfte kaltes Wasser.
Unsere Mission war beendet. Ich war als Europäerin zugelassen, an einem Zehn-Tage-Seminar für Chan MiQiGong teilzunehmen.
Der Kurs begann am 3. August 1987. Wir reisten pünktlich an. Frau Li, privilegiert durch den Kontakt mit mir, fand Quartier in einem Mehrbettzimmer in einem Gebäude, in dem auch die Meister untergebracht waren. Die Räumlichkeiten der anderen Teilnehmer durfte ich nie besichtigen, speziell die sanitären Verhältnisse müssen schlimm gewesen sein. Auch wurden mir die Mahlzeiten in einem eigens dafür zur Verfügung gestellten Raum serviert, zusammen mit Frau Li. Frau Fan bemühte sich, uns ein chinesisch nachempfundenes westliches Frühstück servieren zu lassen: Nescafe mit Trockenmilch, dicke Scheiben eines zu Zwieback gebrannten Weißbrots, harte Eier, etwas ranzige Butter und Fruchtmark. Frau Fan war stolz auf ihr Verständnis für westliche Ernährungsweise. Ich war gerührt und versicherte ihr, es sei ausgezeichnet. Die Alternative wäre wässrige Reisschleimsuppe und in Salz eingelegte Gemüse gewesen.
Die Teilnehmer bezahlten für diesen Kurs 100 Renminbi. Ein Dozent an der Universität verdiente damals 56 Renminbi im Monat. Der Kurspreis belief sich also auf etwa zwei Monatsgehälter. Zu dieser Zeit jedoch gab es in China kaum etwas zu kaufen, und die Lebenskosten waren außerordentlich bescheiden. Miete, Strom, Wasser etc. kosteten nur drei bis fünf Renminbi im Monat, und auch die vorgeschriebenen Rationsmarken für Grundnahrungsmittel machten umgerechnet nur wenige Pfennige aus. So hatten die Chinesen bei aller Armut Geld, das sie nicht ausgeben konnten, und somit wurde der Kurs für sie bezahlbar.

Für mein Zimmer hatte Frau Fan noch ein Stück grünen Teppich besorgt, einen großen Spiegel und einen Sessel mit weißen Spitzendeckchen auf den Lehnen. Das Bett war frisch bezogen. Eine große Thermoskanne mit heißem Wasser und eine Tasse standen bereit. An das Trinken von heißem Wasser hatte ich mich schon beim Unterricht an der Universität gewöhnt.

Frau Li nahm mich sogleich zu einer Ortsbesichtigung mit. Sie wies auf mehrere hundert kleiner grüner Armee-Klapphocker, das seien die Übungshocker. Wir gingen durch das Tor, sehr langsam, so wie es die Blutzufuhr zu meinem Herzen erlaubte, in das angrenzende Wäldchen hinter dem »Tempel der Azurblauen Wolke'. Dort fanden wir schon einige zeitig angereiste Teilnehmer, die miteinander übten.
Wir gingen den Weg entlang. Frau Li blieb stehen. Neben einer Kiefer erhob sich leise, geschmeidig ein dunkler, relativ junger Chinese und streckte uns die Hand zur Begrüßung entgegen. Ich weiß nicht, warum ich erschrocken war und dachte, »was tut er hier, ich kenne ihn«. Der Gedanke klang noch lange in mir nach. Es war Lehrer Wang, der Großmeister Liu und Meisterin Ma beim Unterricht unterstützen sollte.

Offizielle Begrüßung

Die offizielle Begrüßung für alle Teilnehmer fand am nächsten Morgen in einer Halle statt. Trotz meines Widerstandes musste ich mit Frau Li in der ersten Reihe sitzen und unter Applaus an allen anderen Teilnehmern vorbeigehen. Damals wusste ich noch nicht, dass man Applaus mit eigenem Händeklatschen beantwortet. Es war mir peinlich.
Die drei Meister saßen zur Begrüßungsansprache, zusammen mit mehreren Kadern, auf dem mit den üblichen Transparenten geschmückten Podium vor ihren Teetassen.

Anschließend zogen wir mit unseren Klapphockern in das kleine angrenzende Wäldchen zum Unterricht, der ausschließlich im Freien stattfand.
Liu Han Wen und Ma Hui Wen wechselten sich beim Unterricht ab. Meister Liu sprach vorwiegend über Theorie und Hintergrunde zu den Übungen. Meisterin Ma Hui Wen vermittelte die Übungen, und Lehrer Wang ging korrigierend durch die Reihen der Übenden.
Ganz wichtig schien der Abstand zwischen den einzelnen Teilnehmern zu sein. Die Meister sehen die Energiefelder der übenden Personen und geben Anweisung, damit sich diese Felder gegenseitig nicht stören. Natürlich sahen alle drei Meister sofort, in welchem gesundheitlichen Zustand ich war. Sie ließen mich wissen, dass während des Kurses nichts passieren würde, ich aber anschließend sofort ärztliche Hilfe aufsuchen müsste.

Erlebnisse bei den Übungen

Dieser Unterricht brachte Erlebnisse, wie ich sie später nie mehr hatte. Am gleichen Abend gingen Frau Li und ich noch zu einem kurzen Spaziergang. Es war sternenklar, und die Sichel des zunehmenden Mondes stand am Himmel. Wir kamen zu einer Bank, setzten uns, und Frau Li erklärte mir noch einmal den Abschluss der Basisübung, nämlich das Einsammeln des Qi, das Shougong, wie es in Teil 9 beschrieben ist. Meisterin Ma hatte uns die Übung am Nachmittag gezeigt.

Ich stand auf, ging zu einer kleinen Mauer und übte unter Frau Lis Anleitung die einsammelnden Gesten. Meine Arme begannen auf einmal wie von allein zu steigen. Als sich meine Fingerspitzen über dem Kopf berührten, fuhr ein elektrischer Strom oder auch eine Wasserdusche durch meinen Scheitel, die Hände, die Arme und den Körper, und ein Ball von Licht sammelte sich in meinem Unterbauch. Ich war mehr als verblüfft und sagte: »Ja, das geht!«

Frau Li schaute ungläubig und meinte, sie praktiziere diese Übung fast täglich und freue sich schon, wenn es manchmal am Kopf kitzle. Ich bestand jedoch darauf, »Strom« gehabt zu haben. Frau Li bezeichnete das Qi, die Lebensenergie, immer als Strom. Diese seltsame Begebenheit sollte sich jedoch kurz darauf aufklären. Wir gingen ein paar Schritte weiter und setzten uns unter eine der Jahrhunderte alten weißen Kiefern. Wir vernahmen Räuspern, und kurz darauf setzte sich Lehrer Wang neben uns. Chinesen berichten sich immer alle Begebenheiten, so hat Frau Li wohl auch von meiner Erfahrung erzählt. Lehrer Wang lachte nur. Frau Li zu mir: »Er hat zur gleichen Zeit wie Sie geübt.« Mit dieser Aussage jedoch konnte ich damals überhaupt nichts anfangen und Frau Li auch nicht.

Später erfuhr ich von Lehrer Wang und auch von Meisterin Ma, ein Meister kann seine Schüler die Übung, die er macht, erfahren und praktisch mit üben lassen. Dabei müssen sich Schüler und Lehrer nicht am gleichen Ort aufhalten. Entfernung und die Anzahl der Schüler spielen dabei keine Rolle. Beides ist völlig unbedeutend; denn der Vorgang wird über das Bild der Vorstellung möglich. Die Aussage ›Ich schließe euch in mein Gebet mit ein‹ trifft vielleicht das, was da vor sich geht. Lehrer Wang erklärte dieses Phänomen bei einer anderen Gelegenheit mit einer bildlichen Darstellung. Er zeichnete uns einen großen Wal, dabei deutete er auf sich , in dessen Sog sich viele, viele kleine Fische mitziehen lassen. Auf ähnliche Weise sei alles mit allem über das Qi verbunden.

Ein ereignisreicher Tag war beendet, und wir gingen zurück in unsere Zimmer. Ich hatte über Stunden keine Tabletten gebraucht.
Es war am zweiten Tag. Mit Hilfe der Vorstellung sollten wir Spiralen aus Lichtbändern in den Leib legen, die den Körper in eine linke und rechte, in eine vordere und hintere und in eine obere und untere Hälfte teilen. Natürlich verstand ich kein Wort, und Frau Li wusste auch nicht, wie sie mir dieses erklären sollte. Da kam Meister Liu Han Wen von der Seite auf mich zu, stieß mit seinem Fuß erst leicht gegen meine eine Zehenspitze, dann gegen die andere, so dass beide Fußspitzen etwas nach außen zeigten, berührte mich ganz leicht mit dem Finger, und die drei gewünschten Licht-Reifen zirkulierten wie fluoreszierende Neonkreise in meinem Leib. Dazu setzte eine Bewegung meiner Wirbelsäule ein und brachte meinen Körper ganz leicht ins Schwingen. Die Füße hafteten auf dem Boden, als wären sie festgehalten. Sonst aber war es ein ganz leichtes, völlig entspanntes Gefühl, und die drei Reifen aus Licht kreisten lange.
Es wird in Teil 3: Theorie noch von der Unterteilung des Körpers in Yin und Yang-Zugehörigkeit gesprochen. Ich erfuhr, dass Yin und Yang im Körper jeweils durch eine Art feinstoffliche Membran getrennt wird. Zum Beispiel liegt eine dieser Trennungen zwischen Ober- und Unterkörper in der Gürtellinie. Durch die Übungen, mit der Visualisierung Licht-Spiralen zu zeichnen, werden diese sogenannten Membrane für einen Yin-Yang-Ausgleich durchlässig gemacht.
Für die folgenden Tage waren von sechs bis acht Uhr früh zwei Übungsstunden angesetzt. Wir gingen in einen zehn Minuten entfernten öffentlichen Park, den »Xiang Shan Gong Yuan«, Duftender Berg. Keinesfalls sollten wir vergessen, vorher ein Glas Wasser zu trinken und selbstverständlich auch einen Hocker mitzunehmen.
Frau Li holte mich ab. Der Weg schlängelte sich durch Wiesen, vorbei an Sträuchern und vereinzelten Bäumen zum Park hinunter. Der Übungsplatz war auf einer Wiese unter alten, großen weißen Kiefern. Lehrer Wang stand bereits auf einem steinernen Tisch, und die über hundert Teilnehmer hatten sich um ihn gruppiert. Er wiederholte und erklärte das, was Meister Liu und Meisterin Ma am Tag zuvor unterrichtet hatten. Dabei

war er ständig in einer kreisenden Bewegung, damit jeder ihn von allen Seiten zu sehen bekam. Er war außerordentlich engagiert und bemüht, uns die Übung wirklich zu vermitteln. Er zog ein Hosenbein bis zur Mitte seines Oberschenkels und demonstrierte immer wieder, dass die Knie bei entspanntem Stehen weder durchgedrückt noch gebogen, sondern nur nach vorn ein klein wenig losgelassen werden dürfen.
Der Rückweg zu unserer Unterkunft war für mich nicht so angenehm. Der Pfad führte ganz sanft bergauf, und ich musste mehrmals eine meiner kleinen Nitro-Medizin-Tabletten unter die Zunge legen. (Die Pflaster, zur ständigen Abgabe von herzerweiternder Medizin, die ich eigentlich auf die Brust kleben sollte, waren mir bei der Hitze zu unangenehm.) Zuweilen unterstützte mich Lehrer Wang. Er lief rückwärts vor mir her mit ausgestreckten Armen und hielt mir die Hände entgegen, jedoch ohne mich zu berühren. Vermutlich stellte er zwischen sich und mir ein unsichtbares Qi-Band her, an dem er mich die kleine Anhöhe hinaufzog.

Das Seminar

Am frühen Morgen zogen wir mit unseren Klapphockern in den »Park des duftenden Berges«, am späteren Vormittag und am Nachmittag in das angrenzende Wäldchen. Kaum erschienen wir dort, imitierten die Vögel bereits den melodischen, hell klingenden, aufmunternden Ruf von Meisterin Ma: »Wei wei de xiao le'« Man kann dies nicht unbedingt wörtlich übersetzen, es bedeutet: »Lassen Sie zu, dass sich der Zauber eines zarten Lächeln über ihr Gesicht legt.« Keinesfalls heißt es, wie es mir eine junge Chinesin übersetzte, die etwas Englisch sprach: »keep smiling«.
Immer und immer wieder wurde betont, diese Übungen so entspannt und heiter wie möglich zu vollziehen. Wir wurden aufgefordert, geschehen zu lassen, was geschieht, und dieses Lächeln auf dem Gesicht zu tragen, jedoch nicht als Grimasse, sondern wirklich aus dem Herzen aufsteigend; es ist durch seine hohe Schwingung ein Schutzmechanismus.
Meisterin Ma und ab und zu auch Meister Liu unterrichteten. Immer dabei war Lehrer Wang, der ständig korrigierend und beobachtend durch die Reihen ging und auf den Abstand zwischen den Übenden achtete.

Fern-Unterricht am Abend

Jeden Abend um zehn Uhr gab einer der Meister die Übungen, die wir während des Tages gelernt hatten, noch einmal aus der Ferne durch. Über welches Prinzip dies geschieht, wurde zuvor beschrieben.

Wer den Qi-Fluss bei den Übungen am Tage nicht erlebt hatte, erfuhr ihn abends. Die Teilnahme an diesem abendlichen Fern-Unterricht war selbstverständlich freiwillig und bedurfte nur einer entspannten Sitzoder Liegehaltung und der nötigen Bereitschaft. Dabei schickt Ihnen niemand sein Qi. Es ist das eigene Qi, das in Fluss gerät. Sie können den Fern-Unterricht jederzeit abbrechen, indem Sie Ihre Aufmerksamkeit etwas anderem zuwenden. Erstaunlich ist, wie Sie lernen zu unterscheiden, wer diesen Fern-Unterricht aussendet. Sie erfahren die Qualität des Qi sehr unterschiedlich. Meister Liu Han Wen erklärte, dass dies von der Methode des Übens abhängt.

Ich möchte Nachfolgendes erzählen, um Sie wissen zu lassen, welches brachliegende Potential Sie außerhalb ihrer fünf Sinne noch haben.

An einem der Abende schlug Lehrer Wang vor, wir sollten uns vorstellen, wir trügen einen Scheinwerfer auf der Stirn und würden das umliegende Gelände des Seminarortes untersuchen. Ich tat wie geheißen. Auf einmal sah ich eine Mauer, die Steine wurden so groß, als würde ich sie mit der Lupe betrachten. Mit diesem »Lupenblick« glitt ich entlang der Mauer und kam zu einem Tor. Jetzt kam das ganze Tor ins Blickfeld, trotzdem nahm ich jedes Detail wahr. Das Tor öffnete sich, und es traten drei Mönche, als seien sie auf der Flucht, heraus. Ich wusste, der letzte war ich. Das hatte natürlich nichts mehr mit der Übung zu tun, oder nur insofern als ich mich in einem sehr hohen Schwingungszustand befand und zurückblicken konnte, wie ich mich in einem früheren Leben schon einmal an diesem Ort aufhielt.

Obwohl es mir wegen des Herzproblems Mühe machte, ging ich am nächsten Morgen hinaus, um diese Mauer zu suchen, das heißt, sie aufzusuchen; denn ich wusste, dass es sie gab. Es war die Mauer der Tempelanlage, an die der Seminarort angrenzte. Sie war jedoch von Gebüsch teilweise verdeckt. Ich stieg vorsichtig in einen Graben hinab und fand zu meiner Überraschung und gleichzeitiger Genugtuung genau das Tor, das ich am Abend vorher gesehen hatte.

Grundlagen der TCM

Bis zum 20. Jahrhundert war in China das Öffnen des menschlichen Körpers tabu. Die genaue anatomische Position eines Organs, einer Drüse, Vene, Arterie etc. war nicht wichtig. Was wichtig war, war die Aufrechterhaltung einer funktionellen Beziehung zwischen den Organen, Drüsen und anderen Körperteilen, und diese ist in der Praxis der chinesischen Medizin genau festgelegt. Dabei geben

der Faktor **Zeit,**
die natürliche Beziehung zwischen **Yin** und **Yang**
und die **fünf Elemente** oder **Wandlungsphasen**

zuverlässige Zeichen, sowohl für die Diagnose als auch für die Behandlung von Krankheiten.
Die Chinesen ziehen eine Parallele zwischen der Aufrechterhaltung der Gesundheit des menschlichen Körpers und der Regierung eines Staates. Körper und Staat müssen so regiert werden, dass der Körper bzw. das Volk glücklich und zufrieden ist.

Im ganzen Land müssen die gut verteilten Speicher immer wieder nachgefüllt werden, um so eine ausreichende Ernährung zu garantieren. Dieses jedoch ist nur möglich, wenn der Verkehr auf den Zu- und Abfahrtstraßen frei fließt. Auch darf es weder Engpässe auf den Wegen, noch Mangel oder Überfluss in den Speichern geben.
Aus dieser Anschauungsweise ergibt sich die Analogie der Zuordnung der inneren Organe zu Speichern und Palästen.

Das Praktizieren von Qigong-Übungen nach einer erprobten Methode garantiert einen freien Fluss des Qi und ermöglicht damit die Kommunikation zwischen den inneren Organen.

Die inneren Organe sind:

- Die fünf Speicher. Yin-Organe: Herz, Lunge, Leber, Niere, Milz
- Die sechs Paläste, Yang-Organe: (Verwaltung, Organisation, Transport) Dünndarm, Dickdarm, Gallenblase, Blase, Magen, auch Herzbeutel und Dreifachwärmer. Die Öffnungen zum Magen, zum Dünndarm, zur Blase. Diese zählen noch zum Transport der Speisen und Flüssigkeiten

Die fünf Elemente sind:

- Feuer, Holz, Erde, Metall, Wasser

Die Organe werden in fünf Paare aufgeteilt:

- Jedes Paar besteht aus einem Yin- und einem Yang-Organ.
- Jedes Paar wird von einem der fünf Elemente beherrscht.
- Der Zustand und die Aktivität der einzelnen Paare wird an bestimmten Körperstellen reflektiert.
- Die Paare sind mit Kanälen oder Leitbahnen, in denen die Lebensenergie Qi fließt, miteinander verbunden.

Diese Sichtweise korrespondiert **nicht** genau mit der anatomischen Wissenschaft der westlichen Welt. Die TCM betont, wie am Beispiel der Regierung eines gesunden Staates aufgezeigt, die Aufrechterhaltung einer gesunden Kommunikation zwischen den einzelnen Organen. Sie betrachtet nicht die physische Anatomie der einzelnen Organe. Die TCM stimmt jedoch mit der westlichen Medizin darin überein, dass über Blut- und Lymphbahnen Flüssigkeiten und über Nervenbahnen Informationen transportiert werden. Darüber hinaus betrachtet die TCM das Verteilernetz der Meridianund Leitbahnen als das Allerwichtigste, denn in ihnen zirkuliert die wichtigste Substanz des Körpers, die Lebensenergie, das Qi, zur Versorgung aller Zellen. Nur wenn Yinund Yangkräfte in diesem Verteilersystem in Balance sind, kann der Mensch gesund an Körper, Geist und Seele sein. (Mehr dazu im Abschnitt »Yin und Yang«).

Die Methoden des Chan Mi-QiGong sind darauf ausgerichtet, das Gleichgewicht zwischen den Yin-und Yang-Energien herzustellen und zu erhalten.

Das Qi fließt in einem Leitbahnen-Netz unseres sogenannten Energiekörpers und wird über dieses Netz bis in die einzelnen Zellen verteilt. Dieser Energiekörper, Lichtkörper oder auch Ätherisches Doppel durchdringt den physischen Körper und umschließt ihn wie ein Handschuh. (Mehr dazu im Abschnitt »Lichtkörper«). Die westliche Medizin versucht oft, rein physische Faktoren als Ursache von Krankheiten zu isolieren. Die TCM jedoch betrachtet Krankheitsverursacher, wie z.B. Bakterien, Viren, schädliche chemische Substanzen und andere Faktoren, lediglich als Symptome einer Krankheit.

Ist ein bestimmtes Organ bereits schwach und nicht in der Lage, einer Invasion von außen standzuhalten, wird es anfällig für die Attacke von Bakterien, Viren usw..

Das Töten der Bakterien und Viren schaltet die auftretenden Symptome aus, tut aber nichts, um das Qi der Organe und Gewebe wieder herzustellen und ins Gleichgewicht zu bringen.

Bakterien, Viren u.a. gesundheitsschädliche Faktoren gedeihen bzw. wirken nur in geschwächten Teilen des Körpers, d.h. in einem Zustand niedriger körperlicher Abwehrkraft. (Nicht darunter fallen traumatische Verletzungen, Vergiftungen, Epidemien u.a.).

Die TCM sagt, die wahre Heilung ist nicht nur einfach das Töten von Viren und Bakterien. Sie wirkt vielmehr der Schwäche, die zuerst einmal der Krankheit erlaubt hat, sich zu manifestieren, entgegen, indem sie die Balance der Yinund Yang-Energien wieder herstellt.

Aus der Tatsache, dass diese Balance, wie oben dargelegt, vor allem durch Qigong-Übungen erreicht wird, ergibt sich deren große Bedeutung für den Heilungsprozess.

Qigong-Übungen sind ein wesentlicher Bestandteil der chinesischen Medizin.

Über Qi

Qi ist ein chinesisches Wort und ein chinesisches Zeichen, das es schon seit 5000 Jahren gibt. Das bedeutet, dass den Chinesen das Qi seit mindestens 5000 Jahren bekannt ist.
Das Zeichen für Qi im alten Chinesisch ist ein Wu, das drückt »Nichts« aus. Unten im Zeichen des Wu sind vier Punkte, sie bedeuten Feuer und im übertragenen Sinne Licht. Das Zeichen gibt Hinweis auf einen Stoff im Kosmos, der keine Form hat, aber aus dem der Geist alle sichtbaren Erscheinungen schafft und geschaffen hat.
Vor sehr langer Zeit haben die Chinesen, wenn sie von Qi sprachen, von Zinnober gesprochen.
Die Daoisten haben sich unter dem Zinnober, den sie mit Qi gleichsetzten, ein äußeres und ein inneres Zinnober vorgestellt, etwas, was sie immer im eigenen Körper entwickeln, was sie aussenden und was sie auch als Essenz alchimistisch zusammensetzen und einnehmen konnten.
Die medizinische Schule, die vom echten Qi sprach, hat eine ähnliche Vorstellung wie die Daoisten. Auch sie spricht von einem inneren und einem äußeren Qi.
Die buddhistische Richtung hat das, was sie unter Qi verstand, das Licht, ebenfalls in zwei Aspekte unterteilt, in das körperliche, fleischliche Licht und in das geistige Licht. Heute, nachdem im Qi die verschiedensten Elemente entdeckt wurden, wird generell vom Qi gesprochen. Beide Richtungen, die daoistische und die buddhistische, sprechen von einer schöpferischen Energie, die der Mensch in sich trägt.
Das Qi ist nicht sichtbar, es ist so feinstofflich, dass es sich jenseits der normal sichtbaren Dinge befindet. Sensitiv Begabte jedoch können diesen Qi-Strom »sehen«. Auch mit Hochfrequenz-Photographie kann die Strahlung des Qi heute sichtbar gemacht werden.

Ein Physiker nannte Qi in einem Artikel »Gott-Teilchen«. Qi ist die universale Substanz, die Quelle aller Kraft, Intelligenz und Weisheit, die Lebensenergie, die Lebensessenz, das Licht. Qi ist die Energie oder Naturkraft, die das Universum füllt und durchdringt. Der germanische Begriff dafür war Od, der indische ist Prana, auch wird Qi heute Bioplasma genannt.
In der Tat wirkt das Qi in allen Dingen. In Gras, Blumen, Bäumen, Bergen, Gewässern und Feldern, in Sonne, Mond und Sternen, Menschen und Tieren. Alle Erscheinungsformen sind von Qi durchdrungen, jedoch haben unterschiedliche Dinge unterschiedliches Qi.
Beim Menschen spricht man von pränatalem (vorgeburtlichem) Qi, dem mitgebrachten Qi, und von dem später erworbenen Qi. Man spricht vom Abwehr-Qi, welches die Haut umgibt, vom Yin-Qi der inneren Organe, dem Nahrungs-Qi, dem Herz und Lungen-Qi und dem Zhong-Qi.
Ein neuer Mensch entsteht aus der Verschmelzung der Energie der weiblichen Eizelle mit der Energie des männlichen Samens. Das pränatale (vorgeburtliche) Qi kommt somit von Vater und Mutter, ist neues Leben aus einer weiblichen und einer männlichen Kraft. Wir haben es mit zwei Strömen von Energie zu tun, einer Yinund einer Yang-Energie, d. h. einem Yinund einem Yang-Qi.
Die Philosophie von Yin und Yang ist mit ein Hauptbestandteil der TCM. (Siehe auch Abschnitt »Yin und Yang«). Das pränatale Qi des Menschen ist somit angeboren oder eingeboren. Es ist in den Nieren gelagert. Ist das Qi schwach, wird der Körper des Menschen schwach und krank, er hat wenig Energie und Lebenskraft. Ist das Qi stark, ist er gesund, vital, geistreich und voll guter Laune. So kommt es zu dem Ausspruch, dass das Qi eine Vitalkraft ist. Es ist sinnvoll und angebracht, Qigong zu üben. Sie gewinnen dadurch große Kräfte, gleich, ob Sie nun diese im Alltag des Lebens, für den Beruf, oder für andere Leistungen einsetzen wollen.
Dieses mitgebrachte Qi gilt es zu erhalten. So wie die Kerze Sauerstoff zum Brennen braucht, wird dieses Qi ergänzt einerseits über die Nahrung, andererseits mit Qi aus dem Kosmos, aufgenommen über die Poren der Haut und über die Energiezentren (Chakren). Das mitgebrachte Qi ist die Substanz, die sich verbraucht, so wie die Kerze. Um diese Kerze gleichmäßig und ruhig abbrennen zu lassen, um die gegebenen Jahre bei voller Gesundheit auszuleben, gibt es Übungen, Qigong genannt. (Siehe Abschnitt »Was ist Qigong?«).

Da Qi eine materielle Basis hat, also stoffliche Anteile, kann es auch Informationsträger zur Übermittlung von Nachrichten sein. So wie Buchstaben erst dann Information übermitteln können, wenn Sie auf Papier oder einem anderen stofflichen Träger stehen. Elektrizität und Magnetismus sind noch weniger sichtbar als Qi. Erst als Geräte erfunden wurden, wie Radio, Fernseher, Telegraphen, drahtlose Telefone, Radar usw. konnten wir erkennen, dass Elektrizität wirklich existiert.

Woher kommt Qi?

Die Quelle Ihrer Energie ist in Ihrem Inneren, und sie umgibt Sie auch. So wie Radiowellen, die Sie empfangen können, wenn Sie den Sender einstellen.

Mit den Methoden des Chan Mi-QiGong lernen Sie, Ihren Empfänger richtig einzustellen. Ihre eigenen Energie-Zentren werden aktiviert, und Sie ziehen die Energie in Ihren Körper hinein zu den Organen.

Der Licht- oder Energiekörper

Im Allgemeinen arbeitet Qigong mit dem sogenannten Licht- oder Energie-Körper, auch Ätherisches Doppel genannt.

So, wie der physische Körper vom Netzwerk der Venen und Arterien versorgt wird, hat der Lichtkörper analog ein Yin-und Yang-Meridian- und Leitbahnen-Netzwerk, welches aus der Akupunktur bekannt ist. Über diese Leitbahnen gelangt das Leben, d. h. das Licht, das Qi, in jede Zelle. Der Lichtkörper des Menschen legt sich um den sichtbaren Körper wie ein Lichtband.

Dieses können Sie an einem Gegenüber sehen, wenn Sie Ihren Blick ganz »leer« machen und etwas über dessen Schultern hinausschauen. Schalten Sie beim Sehen das Dritte Auge mit ein. Versuchen Sie, die Stelle über der Nasenwurzel als Auge einzusetzen, so dass Ihre bei den physischen Augen eine Art Restblick haben. Das gleiche Lichtband finden Sie über der Kontur von Bergen, über dem Wald oder um Bäume. Sie werden herausfinden, dass sich dazu manche Lichtverhältnisse besser eignen als andere. Dieser Lichtkörper bildet die Brücke zwischen Ihrem physischen Körper und den äußeren feinstofflichen Hüllen, welche Ihre Gefühle und

Es wird immer wieder darauf hingewiesen, und es ist sehr wichtig, zuerst immer wieder die Energie der höheren Qualität zu sammeln, wie es in den Übungen beschrieben ist, um damit ihre Energie immer stärker werden zu lassen.
In den höheren Übungen des Chan Mi-QiGong werden Mantren vermittelt. Das sind bestimmte einsilbige Laute, Frequenzen, welche in dem Raum um den Kehlkopf die Chinesen nennen diesen Raum die Himmelsleiter erzeugt werden. Die Teilnehmer eines Fortgeschrittenenkurses können diese Übungen relativ schnell nachvollziehen. Mit diesen Frequenzen können Sie andere das sogenannte Qi-Gefühl erfahren lassen. (Siehe Abschnitt »Qi-Gefühl«). Das ist aber noch nicht das Gong.

Yin und Yang, die Pole der Einheit

Die Figur des Yin- und Yang-Kreises oder Fisches ist vielen Lesern bereits bekannt.

Was bedeutet dieses Symbol?
Alles in unserer Welt kann Yin oder Yang zugeordnet werden. Nur durch Gegensätze können wir unsere Welt erkennen und erfahren. Hoch existiert, weil es Tief gibt, der Berg wird nur durch das Tal erkennbar, wir erfahren Kalt, weil wir Heiß spüren können. Gegensätze bilden jeweils die Pole einer Einheit, oder besser, die Gegensätze sind aus der Einheit hervorgegangen. Der Kreis des Yin-Yang-Symbols stellt diese Einheit dar, in der die Gegensätze oder die Pole von Yin und Yang enthalten sind. Die kleinen Kreise in den Yin-Yang-Fischen geben zu erkennen, dass in jedem Yang auch wieder ein Yin enthalten ist und umgekehrt. Das ist sehr wichtig, und bei den einzelnen Übungen sind dazu noch Hinweise gegeben.
Betrachten wir das Atmen: Das Einatmen bedingt das Ausatmen und umgekehrt. Ein-und Ausatmen ist gleichzeitig nicht möglich, sondern nur nacheinander. Beim Geborenwerden atmen wir ein, und beim Sterben atmen wir aus. Dazwischen liegen viele Atemzüge, die »Zeit« eines ganzen Lebens. Beim Atmen berühren sich Ausund Einatmen. Hinter dieser

Berührungsstelle liegt die Einheit. Etwas von dieser Einheit können Sie manchmal kurz vor dem Einschlafen oder bei der Meditation erleben.
Wachen und Schlafen sind Gegensätze. Auch da gibt es eine haarscharfe Linie, über die Sie vom Wachsein in den Schlaf gleiten, und vom Schlafen wieder zum Wachen. Gelingt es Ihnen, auf dieser Linie zu bleiben, steht die Zeit still. Dieser Zustand, auf der Linie zu sein oder knapp neben der Linie, ständig von einer Seite auf die andere zu gleiten, vermittelt ein ungewöhnliches Wohlgefühl. Es sind Wahrnehmungen möglich, von denen man nicht weiß, sind sie Wirklichkeit oder Traum. Eine Welt von Tönen und Bildern kann sich auftun, und vielleicht können Sie in kostbaren Augenblicken etwas von der Einheit, aus der sie kommen, erfahren.
Der Mensch steht zwischen Himmel und Erde. Der Körper ist der Erde, dem Yin, zugeordnet und der Geist dem Himmel, dem Yang. Der Mensch ist nur dann körperlich und geistig gesund, wenn er beiden gleichermaßen gerecht wird.
Die chinesische Medizin ist auf die Ganzheit des Menschen ausgerichtet und arbeitet immer mit dieser Ganzheit. Beim Qigong geht es unter anderem darum, die Pole der Einheit, das Yin und Yang, ins Gleichgewicht zu bringen.

Die TCM ordnet das Qi dem Yang und das Blut dem Yin zu. Der Ausspruch,

> **der Geist kontrolliert das Qi,**
> **und Qi kontrolliert den Fluss des Blutes,**

ist eine der Grundlagen von Chan Mi-QiGong. Es wird bei den Übungen immer wieder darauf verwiesen. Entsprechend werden Yinund Yang-Qi jeweils zur Behandlung verschiedener Arten von Störungen eingesetzt:
Yin-Qi bei Krankheiten, die mit Hitze und Schwellung zu tun haben, z. B. Erkältungskrankheiten, Fieber, Geschwüre, Yang-Qi dagegen bei Schwäche und Mangelzuständen.

Yin-Qi ist kühl und nach innen gerichtet, zentripetal
Yang-Qi ist warm und nach außen gerichtet, zentrifugal

Teil 4

Die Besonderheiten des Chan Mi-QiGong

Die erste Besonderheit:

Bewegung der Wirbelsäule

Die Grundlage der Basisübung des Chan Mi-QiGong ist eine vielfältige Bewegung der Wirbelsäule, wie sie in der Übung in Teil 10 beschrieben ist. Das ist einmalig unter den chinesischen Qigong-Arten. Auf dieser Bewegung baut sich eine Vielzahl erprobter und bewährter Übungen auf, die ineinandergreifen, einem bestimmten Aufbau folgen und relativ leicht erlernbar sind.

Die Chan Mi-QiGong Übungen beginnen in einem Zustand tiefer, vorher vermittelter Entspannung, mit einer sanften, schlangenartigen Bewegung der Wirbelsäule.

Da die einzelnen Wirbel der Wirbelsäule mit jeder Stelle des Körpers verbunden sind, wird über diese Bewegung das Qi, auch in den entferntesten Stellen des Körpers, geweckt und aufgewirbelt.

Mit dem sogenannten inneren Blick wird das Qi geführt. Verspannungen und Energieblockaden im Körper werden über diese sanfte Bewegung der Wirbelsäule von innen nach außen gelöst und Wirbelsäulenbeschwerden reguliert. Eine heilsame Wirkung auf den gesamten Bewegungsapparat wird spürbar.

Die zweite Besonderheit:

Entspannung von Mi Chu

Die Entspannung des Dammund Schambereichs, Mi Chu, ist einmalig in den Qigong-Schulen unterschiedlicher Richtungen. (Mi Chu ist in Teil 9 ein eigener Abschnitt gewidmet).

Zu den Methoden der daoistischen Schulen gehört es, die sogenannte Unsterblichkeitspille im unteren Dantian zu erzeugen, im Ofen zu brennen.

Belastungen. Weil er dann fast immer automatisch den Körper und die Gelenke schont, entsteht ein Teufelskreis: die Wirbelsäule wird immer steifer, die Gelenke ebenfalls, und damit werden Schmerzen und Beschwerden vieler Art ausgelöst, die weiter dazu fuhren, dass man den »kranken Körper« schont.

Die Übungen des Chan Mi-QiGong können hier »reparieren«, wo Medikamente meistens nicht helfen. Und weil sämtliche inneren Organe eng mit der Wirbelsäule in Verbindung stehen, einschließlich Herz/Kreislauf, Verdauung, Blutversorgung des Gehirns und des Unterleibes, fühlen sich unsere Kursteilnehmer ohne Altersgrenze nach oben! oft in kurzer Zeit schon sehr wohl und effektiv gesünder. Natürlich kann man körperliche Schäden, die in jahrelanger Fehlhaltung und jahrelangem Fehlverhalten erworben sind, nicht in wenigen Tagen beseitigen. Wenn Sie aber regelmäßig üben, werden Sie erstaunt sein, wie rasch es ihnen besser geht.

Durch eine Zusammenarbeit von Ärzten und Qigong-Meistern tut sich ein neues Feld der Heilungsmöglichkeiten auf.

Die Chan Mi-QiGong-Übungen sind nicht an ein Alter oder eine bestimmte Beweglichkeit gebunden. Sie können im Stehen, Sitzen oder Liegen ausgeführt werden. Wenn bei richtiger Entspannung und richtiger Körperhaltung die Aufmerksamkeit immer beim Übungsablauf bleibt, geschieht es von selbst, dass das Qi ins Fließen kommt. Durch beharrliches Üben öffnen sich nicht nur alle Energiebahnen, sondern der ganze Körper wird bis in jede Zelle hinein durchlässig, und wir beginnen zu spüren, dass der Körper ein offenes System und über das Qi in den Kosmos eingebunden ist.

Das durch Bewegung und Aufmerksamkeit geführte Qi durchdringt Qi-Stauungen und Blockaden; das kann mit aktiven Bewegungen nicht erreicht werden. Die Qigong-Übungen sollten nur von einem gut ausgebildeten Lehrer oder Meister unterrichtet werden. Die Meister sagen, beim Praktizieren von Qigong ist die Heilung des Körpers ein willkommenes Nebenprodukt. Heilwerden bedeutet jedoch auch geistige Gesundheit, ein sich wieder Zusammenfinden, das Vereinen der Gegensätze. Erworbene Krankheit ist ein Ungleichgewicht der Yinund Yang-Pole, die die Einheit bilden. Das, was wir geistig nicht verarbeiten können, manifestiert sich als Krankheit im Körper.

Der Fluss des Qi

Der durch das Üben aktivierte Fluss des Qi spürt bei Krankheit Blockaden und Verstopfungen in den Meridianund Leitbahnen auf, konzentriert sich dort und versucht, in diesen Bereichen die Meridiane und Zwischenverbindungen zu öffnen. Das Praktizieren der Übungen führt zu einer Diagnose und ist gleichzeitig die Behandlung der körperlichen Störung. Dieser »Ansturm« auf die Blockaden bewirkt unwillkürlich von innen her eine äußere körperliche Bewegung. Diese Bewegung ist von großer Bedeutung, da sie auf die körperliche oder seelische Verspannung hinweist. Es setzt ein Prozess der Selbstheilung ein. Einige Menschen beginnen, sich ihrer jeweiligen Störung entsprechend zu schütteln, andere springen, tanzen oder stoßen Laute aus; und wieder andere stehen oder sitzen nur still da. Jeder tut somit das, was sein Organismus braucht.

Der Qi-Fluss manifestiert sich unterschiedlich, einmal in wohliger, deutlich spürbarer Wärme im Unterbauch oder in den Gliedmaßen, ein anderes Mal durch fröhliche, gelassene Gefühle, durch Leichtigkeit oder Schwere, durch Prickeln, Ausdehnung oder Zusammenziehen, ganz entsprechend dem Zustand des Übenden.

Ein Zeichen für das Fließen des Qi ist u.a. die vermehrte Speichelbildung mit häufigem Hinunterschlucken des Speichels. Das Gehör und die Funktionen des Gehirns werden verbessert. Krampfhaft jedoch etwas erreichen zu wollen oder sich auf etwas zu fixieren, bedeutet die Energie zu stoppen, einzufrieren oder zu blockieren.

Das Qi-Gefühl

Sie verstehen die Aktivierung und den Fluss des Qi besser, nachdem Sie das sogenannte »Qi-Gefühl« erfahren haben. Das Qi-Gefühl kann sich sehr schnell oder sehr langsam einstellen, das ist individuell verschieden. Es hängt in erster Linie von der Methode einer Übung ab, aber auch von Ihrer Bereitschaft oder körperlichen Verfassung während des Übens. Im Aufsteigen und Allgemeinen erfährt jeder bei der Unterweisung durch einen Meister oder guten Lehrer dieses sogenannte Qi-Gefühl. Aber Sie können auch eine erprobte Methode solange üben, bis sich dieses Gefühl von selbst mitteilt. Übungsmethode ist also nicht gleich Übungsmethode.

Es gibt Methoden, da erfahren Sie Qi in der ersten Stunde. Bei anderen Methoden brauchen Sie vielleicht Monate oder Jahre, und bei noch anderen erfahren Sie es nie. Auch die sogenannte Qualität des Qi ist abhängig von der Übungsmethode. »Qi-Gefühl« ist verbunden mit Wärme, Kühle, Leichtigkeit, Schwere, Kribbeln, elektrischen Impulsen, Aufgeschwollenheit, wie gesagt, jeder erfährt es anders. Üben Sie regelmäßig über längere Zeit, werden Sie genau spüren, ob das Qi klar ist, ob es hart oder weich, ob es lau, kalt oder feurig, ob es groboder feinstofflich ist. Besonders die Stofflichkeit, ob gröber oder feiner, bis zu der wunderbaren Klarheit eines Bergwassers, all dies kann erfahren werden. Zuweilen können Sie das Qi riechen, besonders wenn es grobstofflicher ist. Die Qualität des Qi ist, wie schon erwähnt, und wie ich es erfahren habe, einzig und allein abhängig von der Methode, nach der die Übung praktiziert wird. Die in Teil 10 beschriebene Basis-Übung bildet die Richtschnur dafür.

Das Schwitzen während des Übens

Bei intensivem Üben kann es zu Schweißausbrüchen kommen. Generell wird unterschieden zwischen einem Schwitzen aus körperlicher Schwäche, einem Schwitzen nach körperlicher Anstrengung und einer dritten Form des Schwitzens, die beim Üben von Qigong auftritt. Diese dritte Art kommt aus der Tiefe, von Blut und Knochenmark, und kann durch Sport oder andere körperliche Aktivität nicht hervorgerufen werden. Über dieses Schwitzen werden Körpergifte ausgestoßen.

Das Qi führen

Bei dieser Übung werden Sie aufgefordert, die »hinteren Augäpfel« zu benutzen. Das klingt fremd, es ist aber ganz einfach. Sie stellen sich vor, dass Sie damit sehen können, so eine Art innerer Blick. Lehrer Wang wiederholte immer und immer wieder: »Yinian, Yinian, Yinian«. Es ist der Geist, es sind die Vorstellungsbilder, das Visualisieren, die Aufmerksamkeit, die Beobachtung. Das Qi muss dahin gehen, wo Sie alle Ihre Sinne hinschicken. Der Verstand reicht dafür nicht aus, die Aufmerksamkeit, die Absicht muss aus dem Bereich des Fühlens kommen, es ist Ihr ganzes Sein, welches Sie einsetzen, um das Qi zu führen.

Halten Sie Ihre rechte Hand mit leicht gebeugtem, etwas vorgestrecktem Arm so, dass Sie Ihren Blick bei gerader Kopfhaltung auf die Mitte Ihres Handtellers richten können. Die Hand, der Arm und die Schulter sind dabei völlig entspannt. Beachten Sie die Anforderungen an die Körperhaltung, wie sie in Teil 9 unter »Grundlegendes zu den Übungen« und in der Basisübung beschrieben sind.

Richten Sie Ihre ungeteilte Aufmerksamkeit auf die Mitte Ihres rechten Handtellers, bis Sie ein leichtes Prickeln und ein Anschwellen der Hand spüren.

Die Hand rötet sich, es zeigen sich kleine weiße Flecken. So tritt Qi in Erscheinung. Im Zeitlupentempo wandert der Blick Ihrer physischen Augen zusammen mit dem Dritten Auge vom rechten Handteller über die Innenseite Ihres Armes, über das Brustbein hinüber zum linken Innenarm in Ihren linken Handteller und zum Mittelfinger. Von dort lassen sie das Qi wieder in Ihren rechten Handteller hinüberspringen. (Siehe Abb.)

Achten Sie darauf, dass das Qi nicht zu schnell wird und Ihnen davonläuft. Sie sind es, der das Qi fließen lässt, schnell oder langsam, wie es Ihnen beliebt. Das Qi kreist jetzt über die Innenseite der Arme und die Brust, ein Ring aus Energie. Wichtig ist, dass Sie mit der Bewegung der Wirbelsäule dieses Kreisen unterstützen. Lassen Sie anschließend diesen Kreis in die andere Richtung fließen. Den Fluss des Qi kehren Sie um, indem Sie von irgendeiner Stelle des Kreises eine S-Linie durch die Mitte des Kreises zur gegenüberliegenden Seite zeichnen. Das führt Sie in die Gegenrichtung.

Ist Ihnen der Innenkreis gelungen, beginnen Sie mit dem Zirkulieren des Außenkreises. Dazu stellen Sie sich vor, dass das Qi von der Innenseite des linken Handtellers auf den Handrücken dieser Hand tritt, und von dort lassen Sie das Qi über die äußeren Arme, Schultern und den Rücken kreisen. Vom Rücken des rechten Handtellers tritt das Qi wieder in das Herz dieses Handtellers, springt dann über zur linken Handinnenfläche und von dort wieder auf den Handrücken dieser Hand usw. (Siehe Abb.)

Auch bei dem äußeren Kreis führen der Blick, die Beobachtung und die Aufmerksamkeit das Qi. Versuchen Sie dabei, den Blick der hinteren Augäpfel zum Führen des Qi-Flusses über den Rücken zu benutzen. Ihre »vorderen normalen Augen« haben dabei nur einen » Restblick«, sie sind aber nicht ganz geschlossen. Die Bewegung der Wirbelsäule unterstützt dieses Kreisen, vergessen Sie dieses nicht! Drehen
Sie auch diesen Kreis in die Gegenrichtung. Wechseln Sie ständig zwischen innerem und äußerem Kreis und drehen Sie immer wieder die Richtung des Qi-Flusses um. Üben Sie dies längere Zeit, so werden Sie einen Unterschied im Qi, welches über den inneren und äußeren Ring kreist, spüren. Das Yin-Qi des inneren Rings, nimmt die Hitze bei Entzündungen und baut Tumore ab. Das Yang-Qi im äußeren Ring ist für den Körper aufbauend und nährend.

Die Qualität des Qi erkennen

Der Sinn der Übung ist eine Vorbereitung, um später Qi zur Behandlung von Krankheiten abzugeben. Auch, um Qi von Pflanzen und Bäumen aufzunehmen und deren unterschiedliche Qualität zu erkennen. Der Baum, die Pflanze wird dabei mit in das Kreisen einbezogen. (Siehe Abbildungen).

Jetzt kommt es darauf an, genau zu beobachten, was für ein Gefühl das Qi des Baumes oder der Pflanze in Ihnen erzeugt. Ist es angenehm? Löst es Unbehagen aus? Das ist individuell sehr verschieden. Manche Pflanzen und Bäume sind leicht giftig. Von einem Gesunden wird dieses als störend empfunden, aber z. B. ein an Krebs Erkrankter kann sich ausgesprochen wohl dabei fühlen. Die Kiefer hat weder kaltes noch heißes Qi, ihr Qi ist warm und wohltuend für jeden, der unter ihr oder mit ihr übt.

Das Qi eines Baumes auf einen Menschen übertragen

1995, bei einem Besuch bei Großmeister Liu Han Wen in Dandong, China, stellte er mich in einigem Abstand vor eine Weide. Mir gegenüber auf der anderen Seite des Baumes, etwa im gleichen Abstand, stand eine Chinesin, die zu Qigong keinerlei Beziehung hatte. Ich wurde angewiesen, der vom Baumstamm fast verdeckten jungen Frau das Qi der Weide in die Lungen zu schicken, da dieses eine heilende Wirkung für Krankheiten der Lunge habe.

Der erste Schritt, so hatte ich gelernt, ist bei allen Qigong-Übungen die Entspannung. Dann folgt bei den Chan Mi-Übungen die leichte Bewegung der Wirbelsäule. So ging ich vor, bis ich spürte, dass ich den Kontakt mit dem Baum aufgenommen hatte. Ich roch vor allem sein Qi. Mit dem dritten Auge und den nicht ganz geschlossenen physischen Augen bohrte ich meinen Blick durch den Stamm in die Lungen meines Gegenübers, bis ich diese wirklich sah. Da hob die junge Dame auch schon die Hand und führte sie zur Brust und berichtete, dass sie in diesem Bereich Wärme und leichten Druck spüre.

Mich hat dieses Experiment deshalb sehr beeindruckt, weil mir bewusst und auch bestätigt wurde, dass es möglich ist, die feine Essenz eines Baumes, Strauches oder Gewächses direkt auf einen Patienten zu übertragen, ohne, dass man der Pflanze durch lange Prozesse die Essenzen abringt. Ein Qigong-Lehrsatz:

Da wo der Geist hingeht, muss das Qi folgen.

Teil 6

Der spirituelle Aspekt des Chan Mi-QiGong

Der Zustand des physischen Körpers wird bestimmt durch den Zustand seiner feinstofflichen Hüllen.

Meisterin Ma Hui Wen ließ als erstes bei ihren Einführungsabenden die Teilnehmer Qi erfahren und, damit verbunden, das sogenannte QiGefühl. Was man darunter versteht, ist in Teil 5 erläutert. Sie ließ uns im Kreis sitzen und begann: »Außer euren physischen Körpern sehe ich um jeden von euch noch weitere sogenannte Körper, die ihr immer mit euch herumtragt. Um euren sogenannten Lichtkörper, auch Ätherisches Doppel genannt, habt ihr einen Körper, der eure Gefühle trägt, und darum herum einen Körper, in den eure Gedanken eingebunden sind. Diese sogenannten fein stofflichen Hüllen sitzen jetzt auch mit auf eurem Stuhl. Wir sagen dazu, es sind feinstoffliche Körper. Das ist etwas, was man im normalen Wachzustand nicht sehen kann, wohl aber in einem Qigong-Zustand.« Diese feinstofflichen Körper, auch **Aura** genannt, drücken sich in Farbe aus. Man kann sie mit einer Hochfrequenz-Kamera fotografieren (Aura-Photographie). So wie sich die Gefühle und Gedanken ständig ändern, so ändern sich auch die Farben auf den Photographien.
»Wenn wir also so miteinander im Kreis sitzen, dann sehe ich nicht nur eure physischen Körper, sondern all das, was um euch herum ist. Und es ist deshalb so wichtig, dass wir beim Üben einen guten Abstand zu anderen Personen halten. Wir berühren uns zwar mit unseren Hüllen, aber wir sollten nicht gar so dicht stehen oder sitzen.«
Der Lichtkörper (Ätherisches Doppel) bildet die Brücke zwischen den fein stofflichen Hüllen und dem physischen Körper. Über diese Brücke teilen sich Gefühle und Gedanken jeder Zelle mit. Daher der Ausspruch:

Das Bewusstsein sitzt in der Zelle

Unsere erworbenen Krankheiten können wir nur auflösen, wenn wir unsere Gefühlsund Gedankenmuster ändern oder, wie wir sagen, unser Bewusstsein. Die Homöopathie hat ihren Ansatzpunkt in den feinstofflichen Bereichen des Körpers, und die Akupunktur löst die Blockaden in dem Verteilernetz der Meridianund Leitbahnen.
Wenn möglich, sollten die Teilnehmer beim Unterricht in einem Kreis sitzen. So ist jeder gleich weit entfernt vom Mittelpunkt des Kreises, und damit haben die feinstofflichen Hüllen auch einen gemeinsamen Mittelpunkt. Auf diese Weise gleichen sich die Energien einer Gruppe leichter aus.
Meisterin Ma ließ dann die Energie (Qi) in diesem Kreis einmal rechts herum, einmal links herum fließen, einmal in Fußhöhe, einmal in Knieoder Brusthöhe und einmal warm, und einmal kalt. Sie ließ sich jeweils bestätigen, aus welcher Richtung der Energiefluss kam und welche Qualität er hatte.
Die Menschen werden heute mehr denn je angehalten zu meditieren, nach innen zu gehen, wo alle Antworten liegen. Warum ist das so? Sieben Hauptchakren vom Steißbein bis zum Scheitel gruppieren sich um die Wirbelsäule. Je ein Nervengeflecht und eine Drüse der inneren Sekretion ist einem der Chakren zugeordnet und bildet jeweils das Tor zu einer Bewusstseinsebene. Im Rahmen dieser Schrift soll nicht näher auf die einzelnen Chakren eingegangen werden.
Je weiter wir im Körper nach oben steigen, desto weiter, desto höher ist die dazugehörige Bewusstseinsebene und desto feinstofflicher der dazugehörige Körper. Oben, in der Mitte des Kopfes und noch darüber hinaus, ist der Zugang zur spirituellen Ebene, zum Seelenkörper, über den wir alle miteinander verbunden sind. Natürlich sind die Zusammenhänge sehr viel komplexer als sie hier beschrieben werden, aber als Bild mag es genügen.
Bei Chan Mi-QiGong lernen wir, die Wirbelsäule vom Steißbein aus in eine schlangenförmige Bewegung zu versetzen. Während des Übens lassen wir mit Hilfe der Vorstellung eine Säule aus Licht (Qi) im Wirbelsäulenkanal vom Steißbein bis zum obersten Halswirbel aufsteigen und führen dann das Licht wieder zurück zum Steißbein. Dabei berühren und stimulieren wir jede der endokrinen Drüsen und alle Chakren und kommen somit an jedem Tor einer Bewusstseinsebene vorbei.

Chan Mi-QiGong stimuliert u.a. einen feinstofflichen Raum hinter der Fuge zwischen Steißbein und Kreuzbein (siehe Abschnitt Mi Chu, Teil 9). Nur wenn man lernt, diesen unteren Teil des Körpers zu entspannen, nur dann kann man sich mit der Energie der Erde verbinden, und nur, wenn man sich mit der Energie der Erde verbunden hat, wenn man also eine Wurzel hat, kann die Krone blühen.

Chan Mi-QiGong verbindet immer die Wurzel mit dem Dritten Auge und mit der Krone (Scheitel). Spätere in diesem Buch noch nicht behandelte aufbauende Übungen beziehen Herzund Kehlkopfchakra noch mit ein. Sie werden in den Übungen aber nie als Chakren benannt.

Somit ist dieses Chan Mi-QiGong auch eine Form der Meditation, weil man automatisch über die Wirbelsäulenbewegung Zugang zu den einzelnen Bewusstseinsebenen findet. Wie in den aufbauenden Übungen erwähnt, interessiert uns aber nicht die Welt der Phänomene und der Geister (untere Ebenen). Dort halten wir uns nicht auf Wir halten die Aufmerksamkeit im Dritten Auge, denn diese Ebene ist jenseits der Erscheinungswelt.

Ein wichtiges Anliegen der Fördergemeinschaft Chan MiQiGong e. V. ist die Reinerhaltung der Übungen, weil dadurch garantiert wird, dass das Qi zuerst im Körper geweckt und zum Fließen gebracht wird, und dann über den Körper hinaustritt. Dabei wird krankes Qi aus dem Körper ausgestoßen. Diese Verbindung mit dem äußeren Qi findet über die inneren Türen statt.

Der allerwichtigste Aspekt bei diesen Übungen ist das Einsammeln. Beim Üben gehen wir immer zur Wurzel des Himmels und zur Wurzel der Erde. Dabei holen wir uns die Energie aus der Unendlichkeit, vom »Rand des Kosmos«. Selbstverständlich wird jeder Lehrer seine subjektive Auffassung der Übung beim Unterricht vermitteln. Aber er sollte Methode und Ablauf nicht mit anderen Übungen vermischen. Wenn er zusätzlich andere Übungen praktizieren möchte, kann er dieses tun. Aber er sollte, wie bereits erwähnt, keinesfalls Übungen verschiedener Schulen mischen.

Was bedeutet die Erweiterung des Bewusstseins?

Das hat uns in Peking, in einem europäischen Kreis ein chinesischer Qigong-Meister durch ein Beispiel deutlich gemacht:

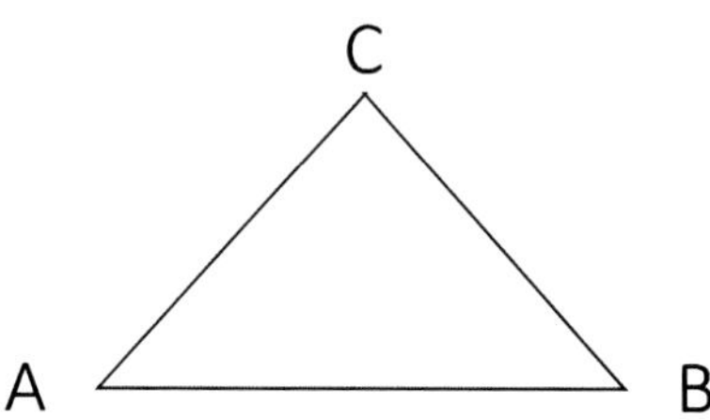

Wollen wir einen Weg auf der Erde von A bis B kennenlernen und legen uns dabei auf den Bauch, müssen wir die gesamte Entfernung abrobben, um die Strecke A-B zu erfahren. Das ist sicher eine Möglichkeit, aber wir müssen den ganzen Weg abkriechen. Wollen wir die gleiche Strecke im Gehen erkennen, brauchen wir unseren Lauf nicht in Punkt A beginnen, da wir zurückschauen können. Auch können wir den Lauf vor Punkt B beenden, weil wir vorwärts schauen können. Der Weg ist also kürzer, als wenn wir kriechen. Begeben wir uns nun an die Spitze des Dreiecks, brauchen wir uns überhaupt nicht mehr zu bewegen. Wir sehen die gesamte Strecke von Abis B. Die Zeit steht still.

Mit jedem Üben von Qigong wird Ihr Qi ein ganz klein wenig feinstofflicher, leichter, d.h. der materielle Anteil im Qi wird kleiner, der geistige größer. Die Schwingungsfrequenz Ihres Körpers erhöht sich. Im übertragenen Sinne bedeutet dies, dass Sie nach oben steigen, so

als wenn sie mit einer Gondel den Berg hinauffahren oder mit einem Flugzeug aufsteigen, und die Landschaft unter Ihnen sich immer mehr ausbreitet. Sie gewinnen Überblick und erkennen die Zusammenhänge. Dieses vereinfachte Bild soll Ihnen eine Vorstellung geben, was mit folgenden Aussagen gemeint ist:

Sie steigern Ihre Wahrnehmungsfähigkeit.
Sie können in die Vergangenheit und in die Zukunft schauen.

Der Prozess des« Aufsteigens« ist sehr langsam. Wie lange Sie dazu brauchen, hängt von Ihrem Ausgangspunkt ab und von der Intensität regelmäßigen Übens.

Qigong-Zustand, Erweiterung des Selbst

Der Begründer des Buddhismus in Indien war Gautama Buddha (Siddharta Shakjamuni). Durch hartes Training hat er Erleuchtung und All-Wissen erhalten, was nicht mit Klugheit gleichgesetzt werden kann. Er entwickelte sich von einem Menschen zu einem Buddha und begann zu predigen. Durch die Ausdehnung seines Selbst, die Verbindung seiner innewohnenden Energie mit der kosmischen Energie, dem Qi, war er allwissend, ein Buddha geworden, während er noch Mensch war. Schon vor 2500 Jahren hatte dieser Buddha sehr tiefe Erkenntnisse über Welt, Naturwissenschaft und Philosophie.

In der Theorie des Buddhismus sind enthalten der Wandel aller Dinge, die Polaritäten, die sich gegenseitig bedingen und die Einheit bilden, der ständige Fluss und die Veränderung.

Das stimmt weitgehend überein mit unseren heutigen Kenntnissen über Zeit und Raum, über die Unendlichkeit und Ausdehnung des Universums, über die kleinsten Teilchen der Materie sowie das Bestehen multidimensionaler Welten. Diese Vorstellungen sind alle in der überlieferten Literatur des Buddhismus nachzulesen. Laotse, der Begründer des Daoismus, und Konfuzius, dessen Philosophie und Morallehre von großem Einfluss auf die chinesische Kultur waren, lebten etwa zur gleichen Zeit wie Buddha, vor rund 2500 Jahren. Beide waren Menschen, die durch Übungen ihr Selbst erweiterten und dadurch All-Wissenheit erreichten. Mit ihren Lehren konnten sie vielen Menschen helfen, sich von ihren Leiden zu befreien. Damit nahmen sie großen Einfluss auf das Leben in dieser Welt. Gemäß der Lehre des Buddhismus kann der Mensch in seinem Leben All-Wissen erreichen. Deshalb ist es so wichtig, dass jeder das, was in ihm denkt und fühlt, mehr und mehr vervollkommnet; denn das Wissen des Universums steckt verborgen in jeder Zelle.

Das komplexe System des Menschen entspricht also den Gesetzmäßigkeiten des Universums. Er ist eine mikrokosmische Ausgabe des Makrokosmos und umgekehrt. So hat man in China vom Standpunkt der Bionik aus ein Gerät entwickelt, mit dem das Qi eines Meisters imitiert wird, um Störungen im menschlichen Körper wieder mit den universalen Gesetzmäßigkeiten in Einklang zu bringen, mit anderen Worten, um Krankheiten zu heilen. (Siehe Teil 7 »Forschung«). Der Stand dieses Gerätes ist jedoch noch nicht ganz zufriedenstellend; denn unsere Denkweise kann die vom Meister erzeugten Frequenzen noch nicht ganz einordnen, sie noch nicht über eine bestimmte Grenze hinausgehen lassen.

Vielleicht wäre Qigong ein Weg über diese Grenze in den multidimensionalen Raum vorzustoßen.
Im Qigong-Zustand, in vollkommener Entspannung und Ruhe, ist der Sprung zu einer plötzlichen Erkenntnis möglich, vielleicht nur für einen winzigen Moment. Die Buddhisten sprechen von Erleuchtung, einer plötzlichen Eingebung, einer Inspiration.

Davon aber sind wir im allgemeinen noch weit entfernt. Die Erziehung nach der Geburt erhalten wir von Vater und Mutter. Wir lernen zu unterscheiden zwischen oben und unten, vorn und hinten usw.. Wir werden auf einen dreidimensionalen Raum beschränkt. Der Kosmos
aber ist multidimensional. Mit unserer Denkweise in drei Dimensionen können wir nur schwer den Weg in andere Dimensionen des Kosmos finden. Für chinesische Qigong-Meister allerdings sind telepathische Übertragungen, Behandeln und Heilen über große Entfernungen etwas Alltägliches. Das können wir jedoch mit unserer jetzigen Denkweise schwer nachvollziehen. Qigong-Lehrer in China, die den Meistertitel tragen, haben alle die Gabe, über Entfernungen zu heilen sowie einen Übungsablauf aus der Ferne zu übermitteln. Meister Liu Han Wen betont immer wieder, der erste Schritt beim Üben von Qigong ist die richtige Entspannung. Versuchen Sie diese immer wieder gemäß der Übungsanleitung! Erst wenn Sie richtig entspannen, können Sie zur inneren Ruhe kommen, und nur diese innere Ruhe und Losgelöstheit macht es möglich, Dinge aus den feinstofflicheren Bereichen wahrzunehmen, die ihren fünf Sinnen sonst verschlossen sind. Erst der Zustand der heiteren, entspannten Ruhe und Gelassenheit führt Sie in einen höheren Schwingungszustand, steigert Ihre Wahrnehmung und gibt damit Zugang zu multidimensionalen Ebenen, die wir ja in uns tragen.

Teil 7

Forschung in China

Erforschung des Qi in China

Bericht von Großmeister Liu Han Wen

»Seit 1979 gibt es in China Resultate in der Erforschung des Qi. In einem Krankenhaus in Beijing wurde eine Untersuchung durchgeführt. Ein Qigong-Meister gab Qi ab, und es wurden Infrarot-Strahlen gemessen. Das ist an sich nichts Bedeutendes, da Infrarotlicht in jeder Materie existiert und davon ausgegangen wurde, dass Qi eine materielle Basis hat. Die materielle Basis des Qi war den Chinesen lange bekannt, schon immer konnten mit dem Aussenden von Qi Nachrichten übermittelt und Informationen eingeholt werden. Übermittlung von Informationen ist nur über einen materiellen Träger möglich (wie Buchstaben auf Papier). Das Besondere an diesem Testergebnis war der Nachweis, dass ein Qigong-Meister dieses Infrarot an jeden beliebigen Ort leiten konnte, wo es dann auch nachgewiesen wurde. 1980, bei einem Versuch in Shanghai, wurden bei der Abgabe von Qi durch einen Meister elektromagnetische Wellen im ausgesandten Qi gemessen. Wieder wurde der Nachweis erbracht, dass der Meister die elektromagnetischen Wellen an jeden beliebigen Ort senden konnte und sie an diesem Ort gemessen werden konnten.

1983 haben drei Institute in der Liaoning Provinz im Qi Gammaund Röntgenstrahlen nachgewiesen.

1986 wurde vom staatlichen Forschungsinstitut für Erdbeben die nicht hörbare Tonfrequenz des Qi nachgewiesen.

Im Institut für Atomforschung in Beijing, wo es entsprechende Forschungsbereiche und Instrumente gibt, wurde festgestellt, dass im Qi Elemente enthalten sind, die noch nicht benannt werden können. Alle Untersuchungen jedoch haben die materielle, feinstoffliche Basis des

Qi und die im Qi enthaltenen Infrarot-, Gammaund Röntgenstrahlen an dem Ort nachgewiesen, wo sie der Meister hingeleitet hatte.

Weiter wurde bewiesen, dass sich durch Behandlung mit Qi Zellgeschwüre zerstören und Knoten in der Brust auflösen lassen. In China ist es nichts Besonderes, dass Qigong Meister Gallenund Nierensteine sprengen und auf diese Weise entfernen. Es ist Allgemeingut und Bestandteil in der Praxis des Heilens, dass das ausgesandte Qi eine sehr wirksame Kraft ist, die die Gesundheit erhält oder wieder herstellt.«

(Detaillierte Information über das gesamte Gebiet der Forschung kann nur Großmeister Liu selbst geben).

Bereiche der praktischen Anwendung des Chan Mi-QiGong in China

In China gibt es eine Qigong-Vereinigung mit neun Abteilungen. Sicherheits-Ministerien, Polizei, Gesundheitswesen, Erziehung und Sport, sie alle beziehen Qigong mit ein. Die Qigong-Forschungsgruppe in China hat sieben Qigong-Richtungen, eine davon ist die Schule des Chan Mi-QiGong. 50 Millionen Chinesen üben Qigong. Der Staat unterstützt die Wissenschaftler, und das Volk liebt Qigong.
Das Qi, das bei der Chan Mi-QiGong-Methode durch die Bewegung der Wirbelsäule aktiviert wird, liegt bei einer Tonfrequenz von 20 Hertz und darunter.

Anwendungen

In der chinesischen Industrie
Ein Qigong Meister hat mit der Abgabe von Qi den Gärungsprozess des Biers eindeutig beschleunigt.
In Hongkong ordnen Großfirmen an, dass ihre Mitarbeiter während der Arbeitszeit Qigong üben. Diese Strategie der Firmen wird jedoch geheim gehalten.

In der chinesischen Landwirtschaft
Durch Abgabe von Qi auf Sämlinge kann ein Qigong Meister einerseits die Quantität und die Qualität des aufgehenden Samens verbessern, andererseits das Keimen des Samens zur besseren Lagerhaltung verringern.

Im militärischen Bereich
Bei der Ausbildung steigern Piloten mit Qigong-Übungen ihre Wahrnehmungsfähigkeit. Bei der russischen Regierung gibt es ein parapsychologisches Forschungsinstitut mit 22 Abteilungen; Chan Mi-Qigong gehört dazu.

Im Bereich des Sports
Spitzensportler machen sich selbstverständlich das Wissen von Qigong zunutze.

In der Erziehung
Das Erziehungsministerium hat in China an den Universitäten die Einrichtung einer Abteilung für Qigong angeordnet. An Mittelund Grundschulen setzt man sich noch damit auseinander. Beachtlich ist, dass überhaupt erkannt wurde, dass das Lernen, die Intelligenz, die Aufnahmefähigkeit, die geistige Kapazität der Kinder gefördert werden kann. Zum Qigong-Unterricht an Schulen werden besonders qualifizierte Chan Mi-Qigong Lehrer eingesetzt. In Taiwan wird Qigong sehr ernst genommen.«

Das Infraschall-Gerät

Im Oktober 1988 fand in Peking der erste medizinische QigongKongress statt. »The First World Conference for Academic Exchange of Medical Qigong«.
Zur gleichen Zeit gab es auf dem Gelände des Freundschaftshotels in Peking eine Ausstellung, auf der alles vertreten war, was man mit QiGong in Verbindung bringen kann.
1986 und 1987 hat die Chan Mi-QiGong-Forschung ein besonderes Infraschall-Gerät entwickelt, welches auf diesem Kongress vorgestellt wurde und die silberne Auszeichnung erhielt.
In einem großen Raum hatten die Teilnehmer des Kongresses die Möglichkeit, zu festgesetzten Zeiten die Wirkung des QigongInfraschall-Gerätes zu erfahren.

Wiederholtes Testen der von Qigong-Meistern ausgesandten Energie ergab Frequenzen im Infraschallbereich unter 20 Hertz, wie sie auch über die Bewegung der Wirbelsäule nach der Chan Mi-Methode erzeugt

werden. Diese Frequenzen entsprechen den jeweiligen Eigenfrequenzen der Körperorgane. Sie wurden analysiert und wieder synthetisiert und in einer bestimmten, geordneten Weise, so dass das Qi durch den ganzen Körper fließen kann, über Riesen-Lautsprecher abgegeben. Die einzelnen Organe treten mit den abgegebenen Schwingungen in Resonanz, was eine starke Stimulanz bedeutet. Es zeigte sich, dass in bestimmter, geordneter Folge ausgesandte Infraschallsignale eine positive Wirkung im Körper hervorrufen, die im Gegensatz steht zu der negativen Wirkung, die durch den Infraschall-Lärm in unserer Umwelt auftritt. Das Gerät verspricht »die neueste Methode einer Qigong-Behandlung, für bis zu hundert Personen gleichzeitig«.
Dieses Gerät ist inzwischen weiterentwickelt worden in Zusammenarbeit mit dem Institut für Erdbebenforschung, dem zentralen Fernsehen, der Akademie für Sozialwissenschaften und den Universitäten.
Es wurden einige wenige Geräte nach Hongkong und in ostasiatische Länder verkauft. Westliche Besucher zeigten großes Interesse, aber das Gerät genügte nicht dem in Deutschland vorgeschriebenen Sicherheitsstandard elektrischer Geräte.

Das Gerät kann zur Behandlung der verschiedensten Arten von Krankheiten eingesetzt werden und hat sich auf folgenden Gebieten bereits bewährt:

- Auflösen gutartiger Geschwüre
- Einengung von Krebsgeschwüren und Verhinderung der Weiterverbreitung von Krebs
- Krankheiten der Atemwege, des Verdauungs-, Nerven-, Endokrinen und Lymphsystems
- Diabetes
- Nachbehandlung von Verletzungen
- Aufnahme von Qi, Verbesserung von Gehirn und Nierenfunktion, Potenz und Intelligenz
- Verstärkung des Qi-Flusses bei Qigong-Übungen

Fragen an Großmeister Liu Ban Wen zum Infraschall-Gerät

Frage: Wie kann man sich so ein Gerät vorstellen, und wie funktioniert es?
Antwort: Im Chan Mi-QiGong gibt es Übungen, die lehren, mit dem Luftraum um den Kehlkopf, wir nennen es die Himmelsleiter, eine Stimmfrequenz im Infraschallbereich zu erzeugen, die nicht zu hören ist, die sich jedoch auswirkt. Dieses Gerät nun imitiert diese Frequenz und wirkt auf dieser Ebene. Nur um die Stärke dieses Gerätes verständlich zu machen: Stellt man dieses Gerät in einem Fußballstadium auf und schaltet es an, nur ein einziges Gerät, so ist es für alle Anwesenden im Stadium spürbar. Die Frequenz hat tatsächlich so eine starke Wirkung, dass es Personen gibt, die in Betracht ziehen, ob so ein Instrument nicht als Waffe eingesetzt werden könnte. Sie brauchen keine Angst zu haben, es wird nur eingesetzt, um zu helfen.
Ob man nun selber QiGong übt oder nicht, ob man eine Krankheit hat oder nicht, man spürt die Frequenzen, die das Gerät ausschickt. Das sogenannte Qi-Gefühl tritt auf, der Fluss des Qi durchströmt den ganzen Körper.

Frage: Ist es nicht eigenartig, dass man eine Maschine entwickelt, die das Qi eines Meisters synthetisiert und aussendet?
Antwort: Die Geräte sind für die Bereiche, für die es nicht die geeigneten Übungen für die Patienten gibt, oder wenn Patienten nicht üben wollen, können oder dürfen, aber trotzdem der Leidenszustand gelindert werden soll. Das ist aber nur ein kleiner Bereich des Qigong.

Frage: Ich habe gehört, dass dieses Gerät auch eingesetzt werden kann bei der Herstellung von Medikamenten.
Antwort: Ja, das ist richtig. Die Frequenzen lassen sich einstellen, man kann das Gerät anpassen. Vorwiegend wird es in den Bereichen der Landwirtschaft eingesetzt.

Frage: Sie setzen zum Heilen die Frequenzen zwischen 0 und 20 Hertz ein. Kann es da keinen Schaden anrichten?

Antwort: Qigong hat ein Gesetz der Ethik. Qigong muss für etwas eingesetzt werden und nicht gegen etwas. Wird man jedoch angegriffen und bedroht, darf man Qigong zum eigenen Schutz einsetzen.

Frage: Wieso kann man 0 bis 20 Hertz nicht hören, wohl aber fühlen?
Antwort: Die Idee, mit diesen Frequenzen auf den Körper einzuwirken, kommt einfach daher, dass man sagt: Im Körper passieren viele Dinge, das Blut fließt, der Magen hat eine Eigenbewegung, das Herz klopft, usw. Ob wir es wollen oder nicht, der Körper ist in Bewegung, die Frequenzen sind da, und auf diese Frequenzen lässt sich mit dem Gerät einwirken.

Das Infraschall-Gerät in einem chinesischen Krankenhaus

Erlebnisbericht der Verfasserin

Der Mann von Frau Li hatte den Vertrieb des Gerätes übernommen.
An einem Wochenende fuhren Meisterin Ma, Frau Li mit ihrem Mann und ich zu einer Besichtigung des Geräts in ein Krankenhaus nach Chengde, der Sommerresidenz der Kaiser und Stadt der nachgebauten Tempel, etwa 200 km nördlich von Peking. Wir verließen Peking im Morgengrauen in einem kleinen Bus. Die Straßen und Wege waren so schlecht, dass die Fahrt fast eine Tagesreise war.
Im Krankenhaus wurden wir schon erwartet, und konnten sofort an einer »Sitzung« teilnehmen. Der Raum war etwas abgedunkelt und mit etwa 100 Chinesen besetzt. Wir schauten auf zwei gigantische, seidenbespannte Lautsprecherboxen. Das Gerät selbst hatte die Größe eines Aktenkoffers und stand im angrenzenden Raum. Ein tiefes Summen war zu hören. Ich war der irrigen Meinung, das seien die ausgesandten Frequenzen, erfuhr aber dann, dass dies der Ton des mitschwingenden Lautsprechergehäuses war, wohl ein Problem, das schwer zu eliminieren war.
Während ich entspannt auf einem Stuhl saß, erfuhr ich eine immer tiefer gehende Entspannung, verbunden mit einem unglaublich wohligen Gefühl. Das Qi begann in meinem Körper zu kreisen und löste aufgrund

meiner Angina Pectoris in der Herzgegend ein Füllegefühl und leichten Druck aus.
Ein Arzt erläuterte uns anschließend an Hand einer Kartei mit mehreren hundert Krankengeschichten, welche Krankheiten mit welcher Heilungsquote bereits behandelt worden waren.
Frau Li stellte später in einem großen Raum eines Genesungsheims in Peking ein solches Gerät auf. Ich habe viele Male an BehandlungsSitzungen teilgenommen. Auch dort wurden Krankengeschichten und Heilungserfolge sorgfaltig aufgezeichnet.

Teil 8

Fragen von Kursteilnehmern an Großmeister Liu Han Wen

Frage: Ist das Qi begrenzt auf den Menschen? Haben es auch Tiere, Pflanzen, Steine, Bakterien, Kristalle, die wachsen?
Antwort: Alles ist von Qi durchdrungen, Qi ist überall. Übt man jedoch Qigong, lernt man mit Qi umzugehen, lernt es zu nutzen und einzusetzen.

Frage: Wo ist die Quelle des Qi? Kommt es aus der Mitte des Menschen?
Antwort: Es gibt zwei Qualitäten von Qi. Das eine ist das Qi, das Sie in sich haben, das Sie pflegen, benutzen und in Bewegung bringen sollten. Das zweite ist das kosmische Qi, welches Sie aufnehmen und auch weitergeben können. Es gibt in China viele Leute zwischen 50 und 60 Jahren. Sie haben die gleiche Ernährung und die gleichen Lebensbedingungen, aber Sie können es sofort den Menschen ansehen, wer Qigong übt und wer nicht. Qigong-Übende sind fröhlicher, gesunder, kraftvoller. Taiji, Wushu u.a. haben auch ihre Vorteile, ebenso wie Sport, Gymnastik oder Disco-Tanz. Üben Sie jedoch zuerst Qigong und praktizieren anschließend z. B. Taiji, so erleben Sie, wie Taiji vom Fluss des Qi geführt wird, also ganz anders als umgekehrt. Wer Qigong übt, kann weitaus besser tanzen. Die Basis von allem ist eben Qigong.

Frage: Ich bin zuckerkrank. Muss ich selber üben, oder kann ich von einem Qigong-Heiler Hilfe bekommen?
Antwort: Selber üben! Natürlich ist es gut, wenn ein Meister ihnen hilft, Ihre Energien auszugleichen.

Frage: Sie haben sicher im Fernsehen oder auch im Leben gesehen, dass jemand einen Stein mit der Hand zerschlägt oder ein Eisen bricht. Zeigt dies die außergewöhnlichen Kräfte, mit denen man sich wehren kann?

Antwort: Ich weiß nicht, ob Sie davon gehört haben. In Indien gibt es verschiedene Richtungen von Schulen und schwarzen Sekten, die z. B. auf die Nerven einwirken und so Menschen verwirren, oder die einfach durch Geisteskraft dem anderen die Knochen brechen. Das sind jedoch sehr dramatische und schreckliche Dinge.

Frage: Welche Kriterien gibt es, ob man mit Qigong oder Akupunktur behandelt?
Antwort: Ich war 31 Jahre als Heilender in der TCM tätig. Ich bin sowohl mit der Akupunktur vertraut als auch mit der KräuterMedizin. Manche Menschen haben Angst vor Nadeln. Oft wird mit beidem behandelt, mit Kräutern und Nadeln. Akupunktur ist gut, vom Prinzip her allerdings nur eine reine Heilmethode. Beim Qigong jedoch ist die Hauptsache, Weisheit und Intelligenz zu entwickeln; Heilung ist die Zugabe.

Frage: Ist Chan Mi-QiGong gut für Kinder? Wenn ja, ab wann, und auf was muss aufgepasst werden?
Antwort: Die Religion sagt, Kinder sollen nicht schwierige und geheime Dinge lernen. Das verwirrt sie eher. Übungen sollten möglichst einfach sein, ohne komplizierte Theorien. Kinder sollen das lernen, was sie zu lernen haben. Die Basisübung des Chan Mi-QiGong eignet sich sehr gut für Kinder, weil sie einfach ist und weil sie das Großhirn nährt.

Frage: Sind Erfahrungen bekannt, ob man Qigong in der Genforschung einsetzen kann, oder ob man Erbfaktoren damit beeinflussen kann?
Antwort: Auf eine Schulklasse im 3. Jahr in Peking, 9 jährige, schlechte Schüler, die nicht lernfreudig und sehr laut waren, wurde mit Qigong eingewirkt. Das sind heute die am meisten entwickelten, lernfreudigsten, bestgelaunten und intelligentesten Kinder. Da hat sich also etwas geändert, da ändert sich wirklich etwas in der Substanz. Erbfaktoren werden relativ, wenn man die Schüler mit Qigong verändert.
Ein anderes Beispiel: In einer Flasche waren Mikroben. Je nachdem, wie der Qigong-Meister auf die Mikroben einwirkte, konnte er sie absterben oder wachsen lassen. Diese Tests wurden immer wieder durchgeführt. Es gibt jedoch keine ausgesprochene Forschung, ob auf die Gene eingewirkt wurde, oder wie man sonst zu diesen Ergebnissen gekommen ist.

Frage: Welche Faktoren sind wesentlich, um Qigong-Meisterschaft zu erlangen? Sind es die Erbfaktoren, das ursprüngliche Qi? Ist der Lehrer das Wichtigste oder die aufgewendete Zeit?
Antwort: Nur Üben, nach einer guten Methode. Die Motivation liegt im Üben selbst, nicht im Erreichen eines Ziels. Je weniger man sich kümmert, dass das Qi fließt, desto schneller wird man den warmen Energiestrom spüren. Qi geht seinen Weg, man braucht es nicht zu drängen. Voraussetzung bei diesen Übungen ist die richtige Entspannung, sie muss zuvor erlernt werden. Was die Meisterschaft ausmacht, so ist das ein gesunder Körper und die Fähigkeit, die kosmische Kraft aufzunehmen und weiterzugeben zum Wohle des Ganzen. Ein Weg, wie man dieses erreicht, ist in den Chan Mi-Gong Lehrund Übungsschriften beschrieben.

Frage: Wann und wie lange sollte man üben?
Antwort: Es gibt keine strengen Vorschriften für die richtige Übungszeit von Qigong.
Anfängern wird im allgemeinen empfohlen, morgens nach dem Aufstehen und abends vor dem Schlafengehen zu üben. Auch ist es gut, täglich zur gleichen Zeit Qigong zu praktizieren, damit sich Körper und Geist langsam auf den neuen Lebensrhythmus einstellen können. Die jeweilige Übungsdauer sollte 20 bis 40 Minuten betragen.
Manche Menschen brauchen bis zu 50 Übungsstunden, andere vielleicht nur 10, bis sie spüren, wie das Qi im Körper zu fließen beginnt. Jedoch nur mit echter Motivation wird man stetig üben.

Grundlegendes zu den Übungen

Die nachfolgenden Erklärungen zum Originaltext der aus dem Chinesischen übertragenen Übungen werden ihnen helfen, den Ablauf der Übungen besser zu verstehen und das wirklich Wesentliche zu erfassen.

Körperhaltung

Sie können diese Übung auch im Sitzen, im angehobenen Lotossitz, oder im Liegen durchführen. Dies ist im Übungsteil beschrieben.
Am besten ist es, Sie praktizieren die Übung im Stehen. Dafür ist eine genaue Körperhaltung vorgegeben, die Sie, zusammen mit der richtigen Entspannung (s. Teil 9 »Mi Chu«), so lange immer wieder ausprobieren sollten, bis Sie spüren, wie das Qi zu fließen beginnt. Das äußert sich zuerst durch Wärme und Kribbeln in den Händen, die evtl. auch anschwellen. Die Innenseiten der Finger und die Handflächen werden rot. Es zeichnen sich kleine weiße Flecken ab, so zeigt sich das Qi. Qi-Gefühl ist das Auftreten von Wärme, Kälte, Anschwellen, Prickeln. Einschlafen, Jucken usw. an beliebigen Körperstellen. Entspannen Sie noch mehr, beginnt das Qi an den Innenseiten der Beine hinunterzufließen. Es tritt ein Gefühl auf, wie auf einem Luftkissen zu sitzen.

Fersen

Stellen Sie die Fersen schulterbreit aus, dabei zeigen die Zehen ein klein wenig nach außen. Die Außenseiten der Schultern sollten senkrecht über den Fersen stehen. Viele Teilnehmer bestehen darauf, die Füße wie bei Taiji und anderen Qigong-Schulen parallel zu stellen. Das gehört jedoch nicht zur Methode von Chan Mi-QiGong. Probieren Sie selbst den Unterschied! Mit der Parallelstellung blockieren Sie von der Hüfte aus nach unten Ihren gesamten unteren Körper, was selbstverständlich bei Taiji und

anderen Methoden beabsichtigt wird. Die Anforderung der Chan Mi-Qi-Gong Methode ist jedoch, die Zehen etwas nach außen zu drehen, wie Sie es beim Gehen auch tun.
Spüren Sie nach, wie Sie dadurch Ihr Skelett vom Becken aus nach unten frei bewegen können.

Schultern, Arme, Ellenbogen

Beginnen sie damit, Ihren ganzen Körper anzuspannen. Die Schultern zurück, Hohlkreuz, die Knie durchgedrückt, den Hals nach oben gezogen. Halten Sie diese Stellung einen Moment lang, und lassen Sie dann plötzlich los. Beobachten Sie nun, wie die Schultern nach vorn rollen, die Lendenwirbel sich entspannen und die durchgedrückten Knie sich lösen. Ihre Füße stehen bereits richtig. Dieses ist die gewünschte Ausgangsstellung für die im Übungsteil beschriebene Übung.
Ihre Arme lassen Sie an den Seiten des Körpers schwer nach unten hängen. Achten Sie darauf, dass sich Ihre Schultergelenke dabei entspannen. Ziehen Sie Ihren Kopf jetzt erneut, zusammen mit den sieben Halswirbeln, vom obersten Brustwirbel aus nach oben, als ob Sie mit dem Scheitel die Decke stützen möchten. Den Kopf halten Sie so, dass der Blick bei geöffneten Augen geradeaus gehen kann. Das Kinn ist dabei ein klein wenig angezogen. Das Ziel ist, die Halswirbelsäule in eine senkrechte Position zu bringen. Bitte ziehen Sie die Schultern nicht mit nach oben. Die Schultern haben während der gesamten Übung keine Eigenbewegung.
Wenn Sie es richtig machen, steigt nach einiger Zeit Wärme an den Seiten ihres Halses auf.
Nur mit den leicht nach vorn gerollten Schultern wird es möglich, die Lendenwirbel zu entspannen. Ohne entspannte Lendenwirbel kann die Energie in den Nieren nicht freigesetzt werden. Ihre Ellbogen drehen Sie ein ganz klein wenig nach vorn, dadurch entsteht der notwendige Raum in den Achselhöhlen. Die Arme runden sich etwas und heben sich kaum merklich. Bitte nehmen Sie nicht mit den Händen diese winzige Drehung der Arme vor; es sind die Ellenbogen, die Ihre Hände drehen. Ihre Hände fühlen sich an wie Antennenschüsseln, die ausgerichtet werden, um einen maximalen Empfang kosmischer Energie zu erhalten.

Versuchen Sie noch einmal, die Knie durchzudrücken. Sie merken, wie sich die Oberschenkelmuskeln anspannen. Das ist nicht richtig. Lassen Sie Ihre Knie aus der durchgedrückten Position nur ein ganz klein wenig nach vorn los, keine Beuge, bitte. In dieser Position können Sie Ihre Knie wie Kugellager bewegen.
In Ihren Gesäßbacken und m Ihrem Lendenwirbelbereich darf keinerlei Anspannung sein Um dieses zu erreichen, schieben Sie von den Fußgelenken aus ganz einfach die Mitte des Dammes soweit nach hinten, bis Sie fast umfallen. Sie haben jetzt die Schwerachse Ihres Körpers gefunden und sind wie ein senkrechter, hoher Schornstein, der sich in seinem vorgegebenen statischen Rahmen nach allen Richtungen frei bewegen kann.
Sind Arm- und Bein-, Schulterund Kopfhaltung richtig, reicht es, wenn Sie den Gedanken haben: »Meine Arme steigen.« Sie spüren wirklich, wie Ihre Arme ganz langsam beginnen, sich auf dem Energiefeld Ihres Körpers zu heben, und wenn die Begrenzung des Feldes erreicht ist, bleiben sie dort stehen, und Sie können sie darauf ablegen, als seien sie gestützt.
Für die Übung selbst bringen Sie die Arme jedoch wieder zurück an die Seiten Ihres Körpers.

Steißbein und Lendenwirbel

Führen Sie Ihr Steißbein schräg nach vorn-unten, als ob Sie sich auf einen Barhocker setzen wollten. Fassen Sie Ihr Steißbein dabei an und spüren Sie die Bewegung, den Weg, den es zurücklegt. Dieses Kippen des Beckens begradigt Ihre Lendenwirbelsäule und eliminiert das Hohlkreuz. Achten Sie dabei auf Ihre Knie. Falls sie gebeugt sind. ziehen Sie sie wieder zurück in die wie vor beschriebene Haltung.
Es wird oft darauf hingewiesen, dass diese geforderte Körperhaltung konträr zu dem ist, was die Rückenschule lehrt. Die beiden Methoden schließen jedoch einander nicht aus. Sie verfolgen unterschiedliche Ziele. Die Rückenschule arbeitet mit der Stärkung der Rückenmuskeln. QiGong will den Weg freimachen für den ungehinderten Fluss des Qi.

Entspanntes Stehen

Schließen Sie jetzt ihre Augen, und schicken Sie Ihre innere Aufmerksamkeit zur Mitte Ihres Scheitels, dann zu Hui Yin, das ist die Mitte Ihres Dammes, und weiter zu dem Mittelpunkt einer gedachten Linie zwischen den Fersen. Verbinden Sie diese drei Punkte zu einer senkrechten Linie. Um dieses zu erreichen, müssen Sie evtl. Ihre Körperhaltung noch etwas korrigieren. Stellen Sie sich diese Linie dabei als einen senkrechten Lichtstrahl vor, der, wie die Chinesen sagen, aus der Wurzel des Himmels kommt und durch Sie hindurch bis zur Wurzel der Erde reicht. Bei richtiger Körperhaltung verlagert sich Ihr Gewicht zu 70 % auf die Fersen, und Ihre Zehen sind frei beweglich. Bitte vergessen Sie nicht, dieses zu beachten, es ist von größter Wichtigkeit. Die Meridianbahnen nämlich enden in Fingern und Zehen. Während der ganzen später beschriebenen Bewegung der Wirbelsäule werden Finger und Zehen ganz leicht mitbewegt. Die Bewegung der Wirbelsäule überträgt sich auf alle großen und kleinen Gelenke und pflanzt sich bis zu den letzten Fingerund Zehengliedern fort.
Die richtige Entspannung nach der vorgegebenen Methode kann daher nicht oft genug geübt werden. Vom Zentrum der Wirbelsäule aus lösen sich durch beharrliches Üben alle Verspannungen der Muskeln, Knochen und Gelenke von innen nach außen. Ihre Lebensenergie, Ihr Qi, beginnt frei zu fließen. Ihr Hauptgewicht liegt auf den Fersen, und die Fersen bleiben immer in Berührung mit der Erde.

Die alten Chinesen sagten:
»Der Mensch atmet mit den Fersen.«

Alle wichtigen Punkte für die richtige Körperhaltung sind aufgeführt worden. Versuchen Sie diese Haltung immer wieder. Schicken Sie nun Ihren »inneren Blick« (das ist der Blick der hinteren Augäpfel, von denen angenommen wird, dass sie nach innen sehen können) durch die Wirbelsäule, den Damm und durch einen imaginären Brunnen zur »Wurzel der Erde«. Sie nehmen so Verbindung zur tiefsten Erde auf, zur Wurzel. Ohne Wurzel kann sich keine Krone entfalten. Danach drehen Sie den Blick Ihrer hinteren Augen durch den Scheitel zur »Wurzel des Himmels« und nehmen so Verbindung zum höchsten Himmel auf, bis Sie spüren, dass Sie wirklich zwischen Himmel und Erde stehen. Ihr Oberkörper schwebt, ihr Unterkörper scheint verankert zu sein. Beginnt das Qi zu fließen, sie bemerken dieses an dem sogenannten Qi-Gefühl und am Speichelfluss dann haben Sie die richtige Körperhaltung eingenommen, Das bedeutet, dass Sie bereits einen ersten Entspannungsgrad erreicht haben.

Noch einige Worte zum entspannten Stehen

Sie können das richtige Stehen sehr gut üben, wenn Sie irgendwo warten müssen, Versuchen Sie immer wieder: Die Fersen schulterbreit, die Zehen leicht nach außen gestellt. Die drei Punkte Scheitel, Damm u, Mitte zwischen den Fersen in einer Linie und 70 % des Gewichtes auf den Fersen, so dass die Lendenwirbelsäule sich begradigt. Geben Sie etwas Druck auf den Dammund Schambereich und schieben Sie immer wieder abwechselnd ein Knie ganz leicht nach vorn, so als ob Sie auf der Stelle laufen, Die Bewegung ist sehr zart, kaum sichtbar. Lassen Sie die Schultern ganz locker nach unten los und dabei Luft mit einem Seufzer entweichen, Visualisieren Sie die degenerierte Fuge zwischen Steißund Kreuzbein, Obwohl es anatomisch nicht möglich ist, drehen Sie bildlich in dieser Fuge Steißund Kreuzbein gegeneinander. Das geschieht mit der Bewegung der Knie und der Vorstellung, Wenn Sie es richtig machen, zieht vom Damm-punkt schräg über die entspannten Gesäßbacken ein Wärmegefühl nach oben.

Jetzt kommt das Wichtigste! Sie spüren, wie Freude aufsteigt, und wie ein ganz zartes Lächeln sich über Ihr Gesicht legt, von dem ihr Umfeld angesteckt wird und mit Freundlichkeit darauf reagiert, Sie selbst haben alle Hast und Eile verloren, auch wenn Sie es sehr eilig hatten, Die Länge der Zeit, die Sie so verbringen, ist die gleiche, als wenn Sie verkrampft und angespannt warten.

Haben Sie einmal die Haltung der Wachposten in Rom oder London, Gewehr bei Fuß, beobachtet, wie sie lange Zeit unbeweglich stehen? Haben diese Wachen nicht genau die Haltung, wie sie oben beschrieben ist?

Die richtige Entspannung ist der erste und wichtigste Schritt beim Üben von QiGong und löst eine ganze Kette von weiteren, tieferen Entspannungsvorgängen aus.

Mi Chu, der Raum über dem Damm

Ein Ausgleich der Yin- und Yang-Energie kann nur stattfinden, wenn Mi Chu entspannt ist. »Mi Chu« ist ein Begriff, welcher im nachfolgenden Text beibehalten wird. Übersetzt heißt es »geheimer On«.

In der Mitte des Dammes liegt der aus der Akupunktur bekannte »Hui Yin«Punkt, dieser jedoch ist nicht Mi Chu. Das Mi Chu, von dem hier gesprochen wird, ist ein feinstofflicher Raum, der über dem Hui Yin-Punkt liegt und den ganzen Dammund Schambereich und auch die Innenseiten der Oberschenkel mit einschließt. Mi Chu ist mit dem Zentrum im Unterbauch, über welches später noch gesprochen wird, verbunden.

Der Eingang zu Mi Chu wurde in alter Zeit als eiserne Tür betrachtet, als ein On, ein Raum, der selbst mit zehntausend Pfeilen nicht durchschossen werden konnte. Wenn es einem Menschen jedoch gelang, diese Tür zu öffnen, konnte er eine Arznei, die Unsterblichkeitspille,

erzeugen. Er konnte die materiellen Anteile des Qi ausfällen, die als »Zinnober« liegen blieben. Das lässt die Wichtigkeit dieses Raumes zur Förderung der Gesundheit erkennen. Vom Energiefeld des Menschen aus betrachtet, ist diese Stelle einer der beiden Pole der Achse, um die sich sein Energiefeld dreht. Damit entscheidet der Pol über die Energie des Körpers und den Lebenswillen.

Mit der Entspannung von Mi Chu kann der ganze Körper beeinflusst werden. Das Zirkulieren des Qi hat positive Auswirkung auf den Fluss des Blutes und den Kreislauf nur da, wo Qi (Lebensenergie) hinfließt, kann das Blut folgen. Auch ist nach dieser Lehre eine Verfeinstofflichung des Qi (siehe Teil 9: »Das Einsammeln«) der einzig gangbare Weg, vom Rad des Lebens, des Todes und der Wiedergeburt als Folge von Verstrickungen loszukommen. (Siehe dazu auch Teil 6: »Der spirituelle Aspekt«)

Mi Chu ist auch der Kampfplatz von Yin und Yang. Sie kämpfen um diesen Raum; denn beide gehen über diesen Weg. Somit ist Mi Chu auch Ort der Verbindung und des Ausgleichs von Yin und Yang. Gelingt es, diesen Raum zu entspannen, steigt Freude auf im Herzen, ein Gefühl der Wonne im Körper, und das Dritte Auge löst sich.

Die Entspannung von Mi Chu

Nehmen Sie die Steh-Haltung ein, so wie sie beschrieben wurde. Mit Kraft können Sie nicht entspannen. Sie brauchen ein Vorstellungsbild. Beobachten Sie, wie der Damm-Bereich sich nach unten bewegt und sich öffnet, visualisieren Sie dieses einfach. Glückt es Ihnen, beginnt es in diesem Bereich sehr heiß zu werden, die Chinesen sagen »Feueröfchen«, und so fühlt es sich auch an. Dabei kann durchaus ein kleines Lustgefühl auftreten. Versuchen Sie, auch ganz leichten Druck auf den Dammbereich zu geben, so als ob Sie Wasser lassen müssten. Gelingt Ihnen die Entspannung von Mi Chu, spüren Sie, wie Ihre Stirn sich glättet und große Freude aus Ihrem Herzen aufsteigt. Wie ein Zauber breitet sich ein Lächeln über ihr Gesicht. Dieses Lächeln können Sie nicht durch Verziehen des Gesichtes erzeugen. Es wird im Herzen geboren und steigt auf, Buddhas tragen dieses verklärte Lächeln. Viele unserer Kursteilnehmer erfahren es. Das Entspannen von Mi Chu können Sie überall üben. Dafür eine Körperhaltung im Stehen einzunehmen, ist keine Anforderung, aber für den Einstieg ist es so am leichtesten. Sie können die Übung im Sitzen oder Liegen praktizieren, gleich an welchem Ort Sie sich befinden.
Durch das Entspannen von Mi Chu werden alle Muskeln im Beckenraum entspannt. Das verursacht die Bewegung der inneren Organe in ihrem Ganzheitsverbund. Der Hormonausstoß der Drüsen innerer Sekretion wird angeregt. Die Regulierung der Körperflüssigkeit fördert den Stoffwechsel im menschlichen Körper.

Das Dritte Auge

Das Dritte Auge ist eine Stelle über der Nasenwurzel zwischen den Augenbrauen. Auch das ist kein Punkt, sondern eine kreisförmige Vertiefung, die mit Mi Chu, dem Raum über dem Damm, verbunden ist. Die Organe, die vom Dritten Auge beeinflusst werden, sind, der untere Teil des Gehirns »Xia Nao«, das linke Auge, die Ohren, Nase und Nervengeflechte. Über das Dritte Auge nehmen geistige Begriffe bildliche Form an, es entwickelt sich die Fähigkeit des Begreifens und Erkennens über Bilder. Geübte nehmen das göttliche oder geistige Licht wahr und entwickeln die Gabe, in Bildern zu schauen.

Das Entspannen des Dritten Auges und das Entspannen von Mi Chu, diese beiden gehören zusammen. Bei gleichzeitiger Entspannung der beiden werden Hirnanhangdrüse, die Nebennierendrüsen und die Geschlechtsdrüsen angeregt. Yin und Yang können sich gut verbinden und ausgleichen, das Qi im ganzen Körper kann ungehindert zirkulieren. Durch Öffnen des Dritten Auges werden Körper, Haare und Haut geschmeidig und erhalten Glanz. Bei anstrengender geistiger Arbeit tritt keine Müdigkeit auf. Durch das Fenster des Dritten Auges kommen Sie zum Tor des Kosmos. Sie nehmen Energie aus dem Kosmos auf, und stärken damit Ihr Energiefeld.

Die Bewegung der Wirbelsäule

1. Beobachten Sie sich bitte, wie Sie langsam, vom Steißbein aus mit einem Wirbel nach dem anderen einen Bogen der Wirbelsäule nach vorn aufbauen.
Das bedeutet, die **Wirbelsäule führt den Körper** in eine nach vorn gebeugte Position. Dabei nimmt die Wirbelsäule den Schultergürtel und die Arme mit. In der vorgebeugten Position drehen Sie die Hände ganz leicht, so dass die Handteller einander zugewandt sind.
Wichtig: Es ist die Wirbelsäule, die bewusst bewegt wird. Der Rest des Körpers hat keine Eigenbewegung, er folgt der Bewegung der Wirbelsäule. Der Kopf darf beim Beugen nach vorn nicht herunterhängen, der Blick sollte schräg nach vorn gehen, sonst steigt der Blutdruck.

2. Sie behalten die nach vorn gebeugte Position des Körpers bei und schieben langsam Ihr Steißbein nach vorn. Während Sie Ihr Steißbein nach vorn führen, schauen Sie zu, wie sich, dem Steißbein folgend, ein Wirbel nach dem anderen, bis hinauf zum obersten Halswirbel, die Wirbelsäule zu einem Bogen nach hinten aufbaut.
Schultern und andere Körperteile brauchen Sie nicht zu beachten, sie folgen der Bewegung der Wirbelsäule. Es ist wichtig, dass Sie dieses mit geschlossenen Augen auf Ihrem geistigen Bildschirm beobachten; dieser Bildschirm kann auch vor Ihrem Körper sein. Bei dem Wirbelsäulenbogen nach hinten legen Sie bitte nicht den Kopf in den Nacken, der Blick geht schräg nach oben. Es besteht sonst die Gefahr, dass Ihnen schwind-

lig wird. Wenn Sie die Wirbel zu einem Bogen nach hinten rollen lassen, spüren Sie, wie die Knie sich synchron mit der Bewegung etwas beugen. Während Sie den Bogen nach vorn abrollen, strecken sich Ihre Beine langsam wieder.

3. Mit einer kontinuierlichen Bewegung des Steißbeins nach vorn und nach hinten reihen Sie jetzt den Aufbau der Bogen nach vorn und nach hinten aneinander. Von der Seite sieht es dann so aus, als ob eine Schlange durch das Wasser zieht. Betrachten Sie dabei mit dem inneren Blick das Bild der Wirbelsäule und auch, wie die Wirbelsäule alle inneren Organe bewegt. Es wird sich ein Gefühl der Wärme im Körper ausbreiten.

Die vier verschiedenen Bewegungen der Wirbelsäule

Neben der oben beschriebenen Bewegung der Wirbelsäule, nämlich der Welle nach vorn und nach hinten, gibt es drei weitere Bewegungen der Wirbelsäule. Der Vollständigkeit halber seien alle vier Bewegungsarten der Reihenfolge nach aufgezählt, wie sie als Basisübung in Teil 10 vorliegen.

Die Welle nach vorn und nach hinten .... Yongdong
Die Welle nach links und nach rechts.................. Baidong
Das Drehen und Schrauben .... Niudong
Die Kombination dieser drei Bewegungsarten..... Rudong

Es wird empfohlen, die Wirbelsäule in jeder dieser vier Arten zu bewegen. (Sie gehören auch zu den Anforderungen für weitere aufbauende Chan Mi-QiGong Übungen). Vor allem auch auf die oberen Brustwirbel zu achten, welche die Versorgung der zugeordneten Organe beeinflussen und die oft schon bei jungen Menschen unbeweglich sind.

Ein Lichtband in der Wirbelsäule hinauf und hinunter führen, das Rückenmark waschen

Nur da, wo Ihr Bewusstsein, ihre Aufmerksamkeit ist, ist Aktion, kann das Qi hinfließen, Blut und Säfte folgen. Bevor Sie beginnen, Ihre Wirbelsäule wie eine Schlange zu bewegen, gleitet der Blick ihrer hinteren Augen als Licht durch den Wirbelsäulenkanal und sammelt sich als konzentriertes Licht im Steißbein, (Licht = Qi).

Beginnen Sie mit der Wellenbewegung, und fuhren Sie das Licht mit Ihrem inneren Blick langsam, Wirbel für Wirbel, die Wirbelsäule hinauf bis zum obersten Halswirbel, jedoch keinesfalls weiter. Schauen Sie sich jetzt Ihre ganze mit Licht gefüllte Wirbelsäule an und alle von ihr versorgten Organe. Jetzt beginnt der sogenannte Waschvorgang des Rückenmarks. Sie waschen mit Licht (Qi), indem Sie dieses in der Vorstellung mehrmals im Rückenmark hinuntergleiten und wieder hinaufsteigen lassen. Nach diesem Waschvorgang hört die Wellenbewegung der Wirbelsäule nicht auf. Das vor dem Waschvorgang Wirbel für Wirbel hinaufgeführte Licht wird, am obersten Halswirbel beginnend, entsprechend dem Vorgang des Hinaufführens Wirbel für Wirbel zum Steißbein zurückgeführt.
Einmal die Wirbelsäule hinauf, das Waschen des Rückenmarks und einmal die Wirbelsäule hinunter gehört zusammen und zählt als einer von einer beliebigen Anzahl von Durchgängen.
Was geschieht nun eigentlich, wenn Sie mit Ihrer Aufmerksamkeit das Qi (es ist Yin-Qi, weil es von unten aufsteigt) als ein Lichtband durch die Wirbelsäule nach oben fuhren, es mehrmals hinaufund hinuntergleiten lassen und dann das Qi (es ist Yang-Qi weil es von oben kommt) wieder zum Steißbein zurückfuhren? Sie gleichen damit die Yinund YangEnergien in Ihrer Wirbelsäule aus, und von dort aus erreicht die ausgleichende Wirkung den ganzen Körper.
Die Chinesen nennen dies das Waschen des Rückenmarks. Ihre Vorväter sagten, ist das Rückenmark klar und sauber, kann man mit dem Dritten Auge sehen.

Zu der Rudong-Bewegung der Wirbelsäule

Rudong, die Kombination der Wellenbewegung nach vorn und hinten, zur Seite links und rechts sowie das Drehschrauben der Wirbelsäule ist ungeheuer wirkungsvoll, vor allem, wenn Sie spüren, wie die inneren Organe ansprechen, oder wenn Sie beginnen, diesen ganzen Ablauf im eigenen Körper oder vor dem Körper zu sehen.
Rudong beginnt mit relativ großen Bewegungen. Die Meister haben uns immer wieder aufgefordert, erfinderisch zu sein, in welche Richtungen man die Wirbel noch drehen könnte. Sie munterten uns auf, eine diagonale Welle schräg nach vorn rechts und schräg nach links hinten und umgekehrt zu versuchen. Wichtig ist, dass Sie die Wirbelsäule immer im Auge behalten.

Sie werden Schäden an den Wirbeln als dunkle Stellen erkennen und können dort über die Visualisierung besonders viel Licht hinschicken.

> Bei meinem ersten Seminar in Peking bekam ich einen großen, wenn auch freudigen Schreck, als ich mein Inneres hell erleuchtet sah. Meine Lungen setzten sich aus unzähligen kleinen Lichtbläschen zusammen. Meisterin Ma sah mein Erschrecken. Sie antwortete mit einem klingenden Lachen und ließ mir sagen: »Ich habe Strom (Qi) geschickt.«

Durch beständiges Üben werden die äußeren Bewegungen nach und nach kleiner, die Wirbelsäule jedoch wellt, pendelt und dreht weiter, bis dies von außen nicht mehr wahrnehmbar ist und die ganze Wirbelsäule nur noch schwingt und vibriert.

> Einer der Meister hat mich fühlen lassen, wie er, von außen nicht sichtbar, seine Wirbelsäule von unten nach oben und wieder zurück vibrieren lassen kann.

Die Meister benutzen u.a. die Schwingung der Wirbelsäule, um ihr Energiefeld auszudehnen. Auf diese Weise können sie ihre Schüler in dieses Energiefeld mit hinein nehmen und an den Übungen teilnehmen lassen.

Nachdem die Bewegung der Wirbelsäule aufgehört hat, bewegen sich die in Schwingung versetzten inneren Organe noch weiter. Der positive Effekt, der durch die Bewegung der Wirbelsäule hervorgerufen wird, ist kaum durch die Bewegungen bei alltäglichen Tätigkeiten zu erreichen.
Da der Körper zum Kosmos hin ein offenes System ist, geht das Qi auch über die sichtbare Körpergrenze hinaus und verbindet sich mit dem äußeren Qi. Und jetzt kommt das Wichtigste der ganzen Übung: Das Einsammeln des Qi in das Zentrum des Unterbauches.

Zum Zentrum im Unterbauch

Dieses Zentrum im Unterbauch ein Energie-Reservoir liegt eine Handbreit unter dem Nabel, bei Frauen etwa im Zentrum der Gebärmutter. Das Zentrum hat Verbindung mit Mi Chu. Die Seminarteilnehmer fragen immer wieder: Ist dieses Zentrum gleichzusetzen mit dem unteren

Dantian? Großmeister Liu antwortet: Es hat etwa die gleiche Lokalität, ist aber nicht identisch. Verbindet man Scheitelpunkt und Dammpunkt (Hui Yin) mit einer Senkrechten, liegt dieses Zentrum im Unterbauch etwa auf dieser Linie, manchmal auch etwas seitlich. Sie können in einer geeigneten Sitzhaltung diese Linie, wie ein Lot, mit dem inneren Auge abtasten. Haben Sie das Zentrum gefunden, reagiert es mit einem Qi-Gefühl, wie Wärme, Bewegung oder Licht. Sie spüren, wie der Beckenraum sich mit Energie füllt, wie er warm wird. Vielleicht sehen Sie das Licht oder spüren die Bewegung.

Vorbedingung ist selbstverständlich, wie bereits erwähnt, die richtige Entspannung, so wie sie beschrieben wurde.

Das Einsammeln

Aus dem Chinesischen: »Man besteigt nicht einen Berg, in dem ein Schatz liegt, und kommt mit leeren Händen zurück.«

Shougong bedeutet Abschluss, Einsammeln: Sie haben aufgehört mit der Bewegung Ihrer Wirbelsäule, und Sie stehen in völlig entspannter Haltung, mit den Armen an den Seiten Ihres Körpers.

Es gibt zwei Formen des Abschlusses, einen langen und einen kurzen. Der lange Abschluss ist in der originalen Übersetzung in Teil 10 beschrieben. Deshalb wird hier nur der kurze Abschluss erläutert.

Kurzer Abschluss

Haben Sie wenig Zeit, oder werden Sie gestört, können Sie die Übung sehr schnell abschließen.

Wichtig: Sie sollten unbedingt abschließen!

1. Schicken Sie den Blick Ihrer hinteren Augäpfel oben in die Halswirbel und lassen Sie ihn von dort die Wirbelsäule hinunter in Ihr Zentrum im Unterbauch gleiten.
2. Legen Sie eine Hand auf dieses Zentrum, etwa eine Handbreit unter dem Nabel, die andere Hand darauf, so dass die Handteller mit den Handchakren (Mitte der Handteller) aufeinander liegen. Bei den Frauen liegt die rechte Hand unter der linken, bei den Männern umgekehrt.
3. Beobachten Sie auf Ihrem inneren Bildschirm, wie Qi, von allen Seiten hereinströmend, in Ihr Zentrum fließt und sich dort sammelt.

Haben Sie es noch eiliger, reicht ein schneller Blick durch die Wirbelsäule ins Zentrum, zusammen mit dem Gedanken: Alles fließt zurück, nichts geht verloren.
Dem langen, sorgfältigen Abschluss ist jedoch der Vorzug zu geben, speziell, wenn Sie Anfänger sind. Sie können vorher lange und gut geübt haben, ohne Abschluss war das Üben umsonst.

Zum Falten der Hände beim Einsammeln

Das Falten der Hände, und die richtige Handhaltung haben selbstverständlich mit Yin und Yang zu tun. Bei den Frauen liegt der rechte Zeigefinger oben und bei den Männern der linke. Kursteilnehmer sagen: »Es ist mir angenehmer, wenn ich es genau umgekehrt mache.«
Die Meister meinen, für eine Erklärung müssten sie zu weit ausholen, doch keiner würde sein Geschlecht ändern, wenn er es umgekehrt mache.
In diesem Zusammenhang scheint es mir bemerkenswert, dass die Frauen ihre Kleidung mit der rechten Seite über die linke knöpfen und die Männer umgekehrt. In der Kirche saßen die Männer vom Altar aus gesehen, auf der linken Seite und die Frauen auf der rechten. Warum?
Eingangs wurde erwähnt, dass alles auf dieser Welt Yin und Yang zugeordnet werden kann. In der Chan MiQiGongLehre und auch in anderen Schulen ist es so, dass der Körper von der Gürtellinie nach unten dem Yin, der Erde, zugeordnet ist, während der Körper von der Gürtellinie aus nach oben dem Yang, dem Himmel, zugeordnet ist. Im Symbol des Yin-Yang-Fisches sehen Sie, dass das Yin, der schwarze Fisch, einen kleinen weißen Kreis von Yang trägt und umgekehrt. Das weist darauf hin, dass das Yin im Yang und das Yang im Yin enthalten ist. Der untere Teil des Körpers ist Yin und kann weiter unterteilt werden. Dabei wird die Vorderseite des Unterkörpers Yin und die Rückseite Yang. Weiter unterteilt, sind die Beine innen und vorn Yin und hinten und außen Yang. So kann man immer kleiner und feiner unterteilen. Das Yin sucht immer das Yang, und das Yang sucht das Yin. Das ist beim Falten der Hände so, und auch beim Übereinanderschlagen der Beine. Eine Yin-Seite will immer eine Yang-Seite berühren und umgekehrt. Achten Sie einmal darauf, wenn Sie im Bett liegen. Sie legen Ihre Hand-Innenseite unter den Hinterkopf, aber Ihren Handrücken an die Wange. Beim Falten der Hände berühren sich Unterund Oberseite der Finger, immer Yin mit Yang zu einer Einheit.

Nur die Daumen bilden eine Ausnahme. Sie berühren sich mit den Kuppen. Nach der Qigong-Lehre stellen sie den Menschen dar, der zwischen Himmel und Erde steht und beide Aspekte vereinen muss. Die Daumenkuppen sollten sich so berühren, dass sie sich ganz abdecken; denn es enden Meridianbahnen in den Kuppen. Das Qi sollte von einem Daumen in den anderen hinüberfließen und nicht daneben.

Dieses Falten der Hände wird die Erlösungshaltung genannt. Yin und Yang, die aus der Einheit hervorgegangen sind, verbinden sich wieder zu dieser Einheit. Das bedeutet Erlösung aus der Welt der Polaritäten, der Welt von Zeit und Raum.

Chan Mi-QiGong lehrt generell, jedoch nicht ausschließlich, dass das aus dem Kosmos angezapfte warme Yang-Qi mit den Handflächen (Yin-Flächen) und das aus der Erde kommende kühle Yin-Qi über die äußeren Fingerspitzen (Yang-Flächen) abgegeben wird.

Diese Übungen sollten jedoch von einem Meister oder einem gut ausgebildeten Lehrer des Chan Mi-QiGong vermittelt werden.

Die Lage der gefalteten Hände beim abschließenden Einsammeln sollte so sein, dass Ihre äußeren Handkanten ganz leicht etwa am Ansatz der Schamhaare liegen.

Das Herz Ihres Handtellers ist Ihr Handchakra. Wenn Sie Zeige- und Mittelfinger so biegen, dass beide Finger ihre Handfläche berühren liegt es etwa zwischen der Mittelund Zeigefingerspitze. In der TCM ist dieses Herz der Lao Gong-Punkt.

In der buddhistischen Lehre ist es kein Punkt, sondern eines der kosmischen Augen. Nach relativ kurzer Zeit des Übens werden Sie dieses Herz der Handfläche spüren können. Heiler und Qigong-Meister geben Qi damit ab.

Kippen Sie die gefalteten Hände leicht nach vorn, so dass die Handflächen schräg nach oben weisen. Stellen Sie sich vor und fühlen Sie, wie von jedem Handteller-Herz ein Lichtstrahl zum Bauchnabel fuhrt, und ein weiterer Strahl Handteller mit Handteller verbindet. Sie halten jetzt in Ihren Händen ein Dreieck aus Licht und spüren dessen Wärme in ihrem Sonnengeflecht.

Diese besondere Handhaltung, zusammen mit dem Vorstellungsbild, ist eine der ältesten Übungen des stillen QiGong. Sie erinnert an das Bild alter Leute, die in der Abendsonne, mit den Händen im Schoß, auf der Bank vor dem Haus sitzen.

Zur Vorstellung beim Einsammeln

Sie haben das Qi nun mit innerem Blick durch Wirbelsäule und Körper in Ihr Zentrum im Unterbauch geführt.
Versuchen Sie jetzt das Vorstellungsbild zu halten, dass alles zurück ins Zentrum Ihres Unterbauches fließt. Nicht jedoch mit Verstand und Wollen. Sie sind entspannter Zuschauer, Sie erleben mit all Ihren Sinnen, mit Sehen, Hören, Fühlen, Ihrer ganzen ungeteilten Aufmerksamkeit, diesen Rückfluss. Vielleicht sehen Sie, wie Licht von allen Seiten in Ihr Zentrum im Unterbauch strömt, zu einem Lichtball wird, der sich zu einer kleinen Perle verdichtet, die sich selbst in diesem Zentrum Ihren Platz sucht. Vielleicht spüren Sie Wärme und Bewegung oder hören Töne. Es gibt keine Vorgaben, was man spüren und sehen soll. Jeder spürt und erlebt individuell verschieden. Für jeden ist das, was er erlebt, richtig.
Ist alles Qigefühl aus Ihrem Körper gewichen, öffnen Sie sehr langsam die Augen und halten den Zustand, indem Sie Ihren Blick gerade aus ins Leere gehen lassen. Sie sehen und Sie sehen auch nicht, in Ihrem Blickfeld ist alles verschwommen. Ist Ihre gesamte Aufmerksamkeit nur in diesem Blick, hat kein Gedanke mehr Platz.
Holen Sie dann den Blick zu sich zurück und bewegen Sie sich. Treten Sie vielleicht zuerst auf der Stelle, heben Sie abwechselnd Ihre Beine, strecken Sie ihre Zehen nach unten, schlagen Sie mit der Ferse gegen das Gesäß, das entspannt die Wadenmuskeln. Laufen Sie auch ein paar Schritte rückwärts und streichen sie dabei fest Ihre Nieren und Lenden nach unten aus.
Damit ist die Übung beendet.

Vermehren des Qi

Mit der Abschlussübung holen Sie das Qi, das über Ihren Körper hinausgegangen ist, zurück und bringen dabei äußeres Qi mit hinein in Ihren Unterbauch. So vermehren, erneuern und verfeinern Sie Ihr Qi. Auch wenn Sie dies noch nicht so spüren, geschieht etwas. Das ist der Grund, warum ein sorgfältiger Abschluss so außerordentlich wichtig ist.

Teil 10

Chan Mi-QiGong Basisübung

Die Basisübung ist die erste Übung und die Grundlage aller weiteren Chan Mi-QiGong-Übungen

---

Beherrscht man diese Übung,
hat man eine Methode gefunden,
das körpereigene Qi schnell anzuregen
und willentlich fließen zu lassen.

Aus: Liu Han Wen
»Zhong Ouo Chan Mi-Qi Oong«, Beijing 1990
Verlag: Beijing Wai Wen Yinshua Chang ISBN 7-80035-572-110 • 207
Übersetzt von Ursula Stummvoll

Chan Mi-QiGong Basisübung

Die Übung besteht aus:

Öffnen des Dritten Auges (Hui Zhong)
Entspannen des Dammes (Mi Chu)
3/7 Gewichtsverteilung (San Qi Fen Li)
3 Punkte in eine Linie bringen (San Dian Yi Xian)

und den

Vier verschiedenen Bewegungen der Wirbelsäule

Yongdong	Wirbelsäule rollen
Baidong	Wirbelsäule pendeln
Niudong	Wirbelsäule drehen
Rudong	Wirbelsäule winden, diese ist eine gleichzeitige Well-, Dreh- und Pendelbewegung

sowie aus weiteren die Vorstellung unterstützenden Bewegungen, die zu einem langsam sich entwickelnden harmonischen Zusammenspiel zwischen äußerer und innerer Bewegung führen.

Anschließend folgen Erläuterungen, wie man mit Hilfe der Vorstellung alles losgelassene Qi durch das Rückenmark in das Zentrum im Unterbauch zurückbringt.

Körperhaltung und weitere Anforderungen:
Man kann stehend, sitzend oder liegend üben. Während der ganzen Übung bleiben die Augen leicht geschlossen. Die Atmung ist natürlich. Einund Ausatmen sollen weder verlängert noch verkürzt werden, und die Luft darf nicht angehalten werden. Man atmet mehr oder weniger unbewusst.

A 1. Öffnen des dritten Auges (Hui Zhong)

Theorie und Praxis:
Das dritte Auge wird auch »Yuan Zhong« und »Hui Mu« genannt. Es liegt etwas zurückgesetzt zwischen den Augenbrauen und ist kein Punkt, sondern eine kreisförmige Vertiefung (Abb. 1).

Abb. 1

Dieses Auge signalisiert Weisheit und Liebe. Es ist das Fenster, durch welches Qigong-Informationen ausgesandt werden können. Diese Informationen können Licht, Strom, magnetische Kräfte, Töne usw. sein. Dies ist nachgewiesen. Auch Materie kann ausgesandt werden. Dafür ist jedoch bis heute noch kein Nachweis erbracht. Unsere Vorfahren betrachteten das Dritte Auge als Fenster (Abb. 1), durch welches das göttliche Licht aus- und eintreten kann. Dieses Auge kann nicht nur kosmische Energie aufnehmen, sondern auch Energie aussenden.
Man kann die Energie in die Unendlichkeit des Kosmos aussenden oder sie zu einem Zweck nutzen. Man kann Kraft und Energie aus der unendlichen Substanz des Kosmos aufnehmen und sie dorthin leiten, wo sie gebraucht wird und eine bestimmte Wirkung haben soll.

Der Mensch, der durch die Übungen Qi aktivieren kann, kann diese Energie, die auch göttliches Licht genannt wird, zu einem Nutzen abgeben. Beim Üben von Qigong hat man eine Wahl.

Nach der Aktivierung des eigenen Qi führt das **Aussenden – Aufnehmen – Aussenden** zu einem Austausch von Qi, der Yin und Yang ins Gleichgewicht bringt. Man kann anderen beim Üben helfen oder auch versuchen zu heilen.

WICHTIGE HINWEISE
Das Öffnen des Dritten Auges ist das Gegenteil von »die Stirn runzeln«. Beim Öffnen des Dritten Auges erscheint ein Lächeln. Es ist wichtig, dass

dieses Lächeln aus dem Herzen kommt und damit ein offener, reiner, liebevoller, guter und den anderen Menschen helfender Wunsch ausgedrückt wird. Die aus dem Herzen kommende Liebe und Freude zaubert dieses Lächeln auf ihr Gesicht und es ergreift den ganzen Körper.

Wenn die Entspannung des Körpers, das aus dem Herzen kommende Lächeln und die Atmung miteinander verschmelzen, wird der Qi-Strom angeregt und Yin und Yang werden ausgeglichen.

Solange der Qi-Strom fließt, kann keine Krankheit den Körper befallen und die Übungen bringen Heilung von Krankheiten. Auch kommt man sehr schnell in den sogenannten Qigong-Zustand.

A 2. Entspannen von »Mi Chu« (Raum über dem Damm)

Theorie und Praxis:
»Mi Chu« wird auch »Hai Di« oder »Di Hu« genannt.

Diese Stelle liegt bei den Männern zwischen Hoden und Anus und bei den Frauen zwischen äußeren Schamlippen und Anus und ist weder ein Punkt noch eine Fläche, sondern ein Raum, der mit dem »Xiao Fu Qiang«, dem Zentrum im Unterbauch, verbunden ist.

Mit »Mi Chu« kann man Kräfte aus der Natur aufnehmen, diese mit dem pränatalen Qi verbinden und durch den ganzen Körper in den Himmel schicken oder in die Erde leiten.

Man kann altes Qi abgeben und neues Qi aufnehmen. Man kann damit Kräfte (Informationen) vom Himmel mit Kräften aus der Erde austauschen und Energien aus der Natur aufnehmen.

Man atmet und schwingt und wird eins mit dem Kosmos, der Körper wird gestärkt und das Bewusstsein erweitert.

WICHTIGE HINWEISE
Alle Wege des Qi führen durch den Raum des »Mi Chu«. Es ist aber sehr schwer, »Mi Chu« zu entspannen. Man nennt es die eiserne Tür.

Das Gefühl zu haben, Wasser lassen zu müssen, ist nicht genug. Um ohne Kraftanstrengung entspannen zu können, benutzt man die Vorstellung. Bei richtiger Entspannung stellt sich an den Innenseiten der Oberschenkel (Yin Qiao-Kanal) ein Wärmegefühl ein.

Die Schamteile prickeln, auch leichte sexuelle Erregung ist angemessen.

Entspannen von »Mi Chu« und das Öffnen des Dritten Auges geschehen gleichzeitig. Yin und Yang werden dadurch ins Gleichgewicht gebracht. Das Ziel ist, entspannt, ausgeglichen und glücklich zu sein.

Das Öffnen des Dritten Auges und das Entspannen von »Mi Chu« kann irgendwann und irgendwo geübt werden, es gibt dafür keine vorgeschriebene Körperhaltung. Es ist wichtig, mit der Vorstellung zu arbeiten, oft zu üben, den Strom des Qi wahrzunehmen und zu versuchen, das damit verbundene Qi-Gefühl lange zu behalten.

Das Öffnen des Dritten Auges und das Entspannen von »Mi Chu« sind ein notwendiger Bestandteil der Chan Mi-QiGong-Übungen sowie der von den Hauptübungen abgeleiteten Übungen.

A 3. San Qi Fen Li (3/7 Verteilung des Körpergewichtes)

Theorie und Praxis:
Wird die Übung stehend ausgeführt, nachdem das Dritte Auge geöffnet und Mi Chu entspannt ist, sollte man folgendes beachten:

1. Beide Füße werden in Schulterbreite ausgestellt, dabei weisen die Zehen leicht nach außen.
Das Körpergewicht ruht mit 7/10 auf den Fersen und mit 3/10 auf dem vorderen Fuß. Die Zehen sind entspannt und beweglich.

2. Die Knie lassen sich weich, leicht und locker nach allen Seiten bewegen (s. Abb. 2).

3. Die Hüften werden entspannt. Da die Lendenwirbel eine natürliche Biegung nach vorn haben, zieht man das Becken etwas zurück und schiebt das Gesäß etwas nach vorn (s. Abb. 3).

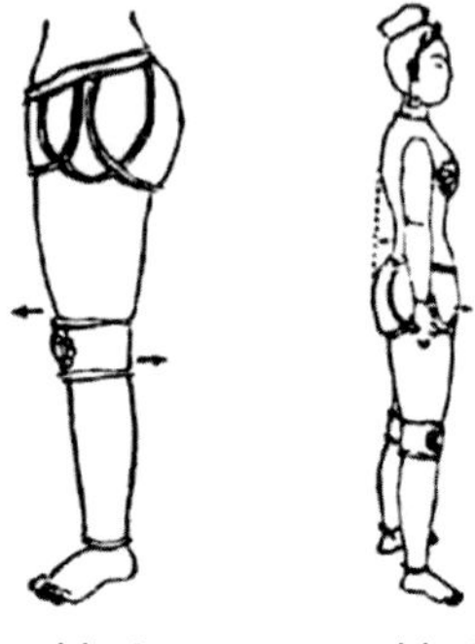

Abb. 2 *Abb. 3*

4. Um die Schultern zu lösen, dürfen die Oberarme, mit den Ellenbogen etwas nach außen gedreht, nicht angepresst werden. Die Arme, mit den Fingern in natürlicher Haltung, lässt man nach unten fallen.

5. Die Halswirbelsäule ist aufrecht, so dass der Kopf etwas nach oben gezogen wird.

Zusammengefasst:
Zehen und Finger sind beweglich, die Oberarme sind nicht angepresst. Man hat im Kopf ein nach oben ziehendes Gefühl, Mi Chu ist entspannt und das Hauptgewicht des Körpers ruht auf den Fersen. Diese Voraussetzungen sind wichtig für die Entspannung des ganzen Körpers, für den Fluss des Qi und den Kreislauf des Blutes. Durch das gleichzeitige Öffnen des Dritten Auges tritt Ruhe und Ausgeglichenheit ein. Man erfährt ein Gefühl der Leichtigkeit. Die körperlichen Funktionen werden erheblich verbessert, der geistige Zustand ausgeglichen.
Bei richtigem Üben treten die verschiedensten Gefühle auf, wie Wärme, Kühle, Prickeln, leichte sexuelle Anregung. Dies alles ist das sogenannte »Qi-Gefühl« und bedeutet, das Qi ist angeregt. »Qi« spielt eine Rolle in der Psychologie, tritt weitgehend in den Ablauf der biologischen Körperfunktionen ein und kommt dann wieder zurück zur Psyche. Zuerst das Qi, dann die Wirkung.

WICHTIGE HINWEISE

Sitz- und Liegestellung:
Nachdem die Stehhaltung angenehm und natürlich ist, soll dieses auch bei der Sitzund Liegestellung erreicht werden. In alten Zeiten übte man

mit den Knien auf dem Boden, heute darf man sich dabei hinsetzen. Je natürlicher desto schöner und richtiger.
Natürlichkeit verbindet Anmut mit Schönheit.
Gleich welche Stellung man einnimmt, zuerst wird Mi Chu entspannt und das Dritte Auge geöffnet. Das Öffnen des Dritten Auges und das Entspannen von Mi Chu sind die wichtigsten Voraussetzungen und dürfen bei den Übungen nicht weggelassen werden. Auch im Alltag sollte man beides ständig praktizieren. Fließt das Qi ständig, kann man den körperlichen Zustand eines Jin Gang (Buddha-Wächters) erreichen.

A 4. San Dian Yi Xian (Drei Punkte in eine Linie bringen)

Theorie und Praxis:
Diese Voraussetzung ist nur zu erfüllen, wenn die Übung im Stehen praktiziert wird.
Der Scheitel des Kopfes, Tou Ding oder Tian Ding genannt, Mi Chu und die Mitte einer gedachten Verbindungslinie zwischen den Fersen bilden eine senkrechte Linie (s. Abb. 4).

Abb. 4

Zweck und Funktion:
Beim Bilden dieser senkrechten Linie ist der Schwerpunkt des Körpers in korrekter Lage, welches bei den Übungen die Voraussetzung für richtige Entspannung ist.
Auch für das Leiten des Qi-Flusses mit Hilfe der Vorstellung müssen diese drei Punkte übereinander liegen.
Alle Lehren von Qigong stimmen darin überein.

Unsere Vorväter sagten:
»Der Mensch atmet mit den Fersen.«

Wenn der Körper nicht in die richtige Position gebracht wird, wenn der Schwerpunkt über dem vorderen Fuß oder gar außerhalb des Körpers liegt, ist es nicht leicht, sich zu entspannen.
Es können Schmerzen, Zittern oder andere Erscheinungen auftreten und Entspannung wird unmöglich.

WICHTIGE HINWEISE

Das Öffnen des Dritten Auges
Entspannen von Mi Chu
3/7 Gewichtsverteilung
3 Punkte bilden eine Linie

Diese vier Punkte stehen in einer sehr engen Beziehung. Das Wichtigste ist die Entspannung. Nur durch Entspannung kommt man zur Ruhe. Ruhe bringt inneren Frieden. Der innere Friede führt zur Bewusstwerdung und damit zur Weisheit. Entspannung ist somit der erste und wichtigste Schritt und löst eine ganze Kette von weiteren, tieferen Entspannungsvorgängen aus.

B. Die vier Grund-Bewegungen

Theorie und Praxis:
In Abschnitt A sind die Voraussetzungen
Öffnen des Dritten Auges
Entspannung von MiChu
Gewichtsverteilung
3 Punkte in eine Linie bringen
für die folgenden vier Grund-Bewegungen beschrieben.
In der Sitzoder Liegestellung entfallen die »3/7 Gewichtsverteilung« und »Drei Punkte bilden eine Linie«.

B 1. Yongdong (Wellen der Wirbelsäule)

Nachdem die oben angegebenen Voraussetzungen erfüllt sind, beginnt man am Steißbein und führt dieses von hinten nach vorn und von vorn nach hinten, so dass die Wirbelsäule sehr leicht, weich, rund und langsam zu rollen beginnt. Einen Wirbel* nach dem anderen, durch Lendenwirbel, Brustwirbel, Halswirbel nach oben. Anschließend von oben, entlang der Wirbelsäule, ein Wirbel * nach dem anderen, wieder nach unten. (s. Abb. 5–10, nächste Seite)

Von unten nach oben und von oben nach unten zählt als eine Übung. Männer üben 3-, 6oder 9-mal. Frauen 2-, 4oder 6-mal.

Wie oft man die einzelne Übung wiederholt, hängt davon ab, wie viel Zeit man hat, ob man sich beim Üben wohl fühlt und in welchem Gesundheitszustand man ist.

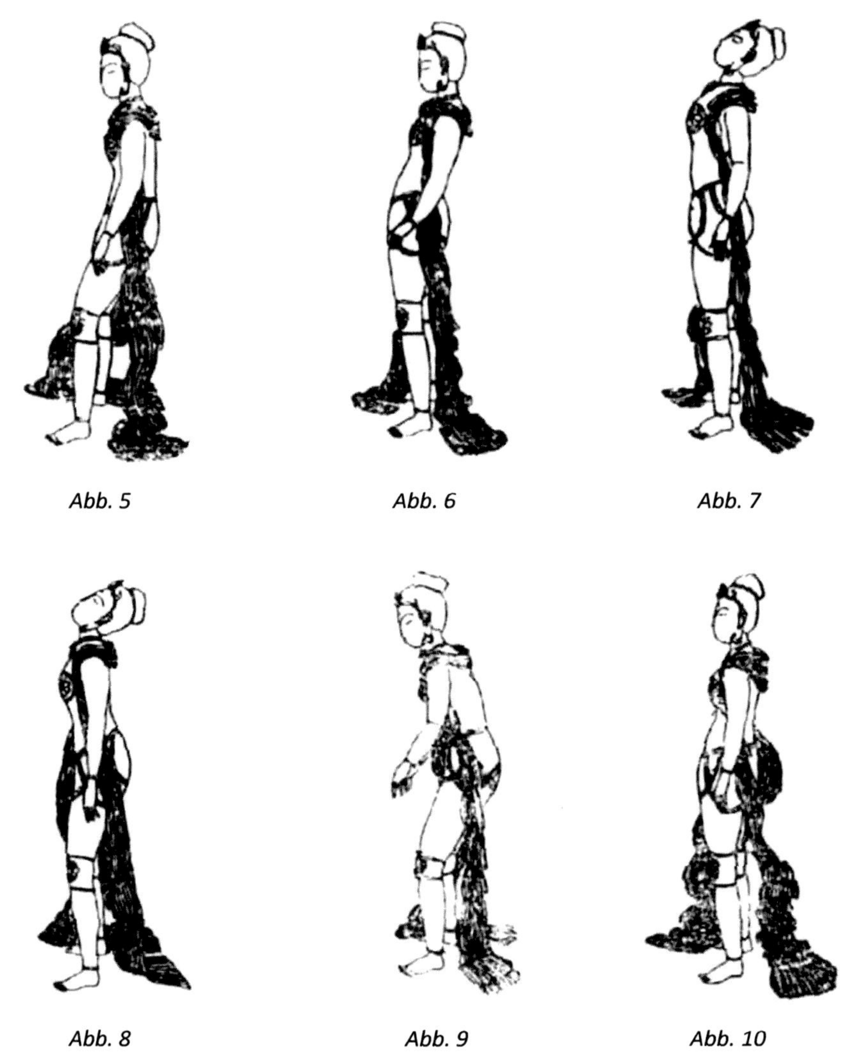

Abb. 5 *Abb. 6* *Abb. 7*

Abb. 8 *Abb. 9* *Abb. 10*

WICHTIGE HINWEISE

* Ein Wirbel nach dem anderen bedeutet nicht, dass die anderen Wirbel sich nicht bewegen, sondern man beobachtet den Bewegungsablauf, in dem man mit der Aufmerksamkeit von einem Wirbel zum nächsten geht, zuerst nach oben und dann nach unten. Dieses gilt auch für die nächsten drei Übungen.

B 2. Baidong (Pendeln der Wirbelsäule)

Anschließend führt man das Steißbein wie das Pendel einer Uhr von links nach rechts. Die Wirbelsäule folgt dieser Bewegung wie eine Schlange. Die Pendelbewegung ist leicht, weich, rund und langsam. Die Aufmerksamkeit gleitet dabei einen Wirbel nach dem anderen durch Lendenwirbel, Brustwirbel, Halswirbel nach oben und anschließend entlang der Wirbelsäule wieder nach unten. Von unten nach oben und von oben nach unten zählt als eine Übung.
Männer üben 3-, 6- oder 9-mal , Frauen 2-, 4- oder 6-mal (s. Abb.11–17).

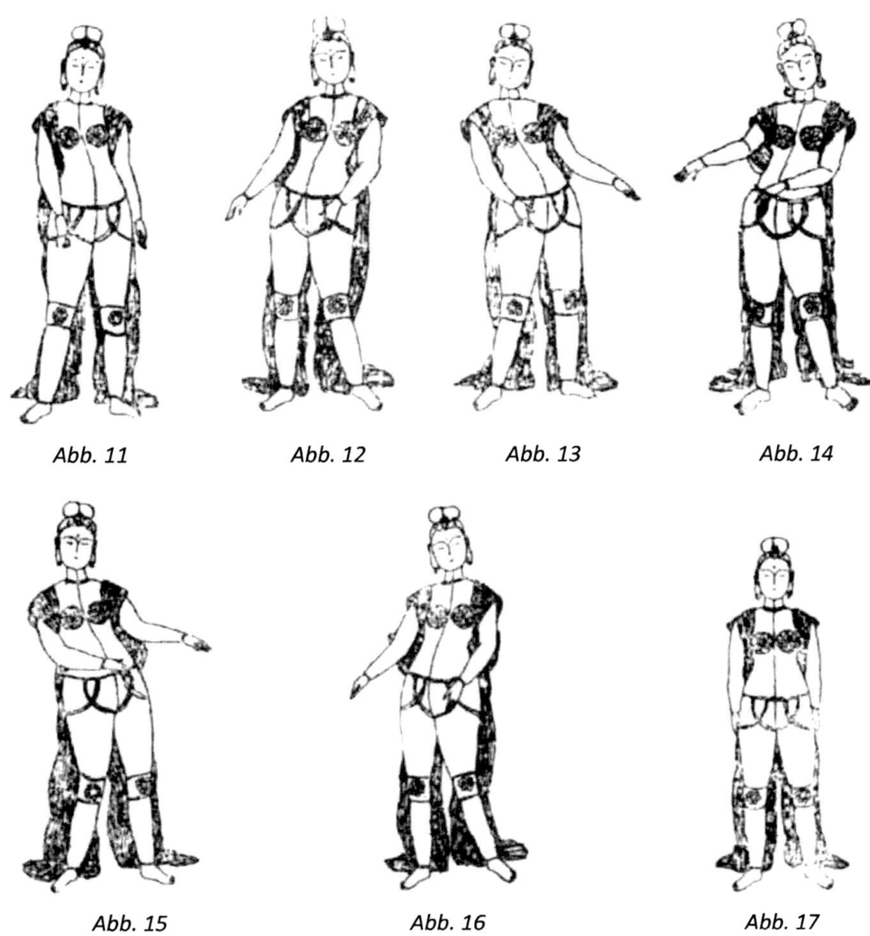

Abb. 11 *Abb. 12* *Abb. 13* *Abb. 14*

Abb. 15 *Abb. 16* *Abb. 17*

B 3. Niudong (Drehen der Wirbelsäule)

Als nächstes dreht man das Steißbein nach links und nach rechts und veranlasst die Wirbelsäule ganz leicht, weich, rund und langsam diese Dreh-Schraubbewegung aufzunehmen. Die Aufmerksamkeit folgt diesem Drehen und Schrauben ganz langsam durch Lenden-, Brustund Halswirbel nach oben und dann von oben wieder nach unten (s. Abb. 18–27).
Von unten nach oben und von oben nach unten zählt als eine Übung.
Männer üben 3-, 6- oder 9-mal. Frauen 2-, 4- oder 6-mal.

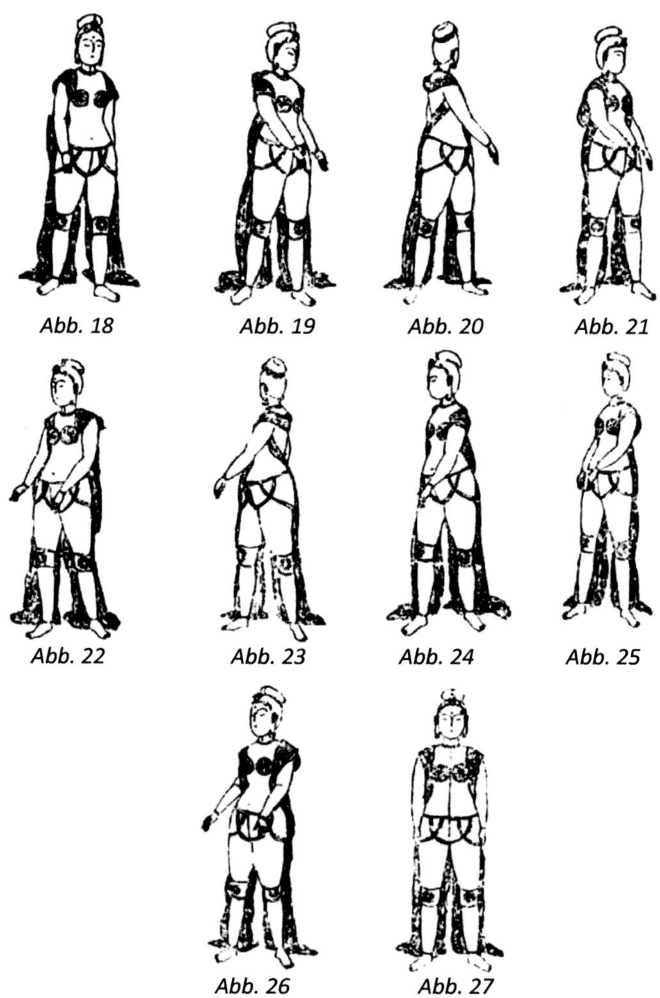

Abb. 18 *Abb. 19* *Abb. 20* *Abb. 21*

Abb. 22 *Abb. 23* *Abb. 24* *Abb. 25*

Abb. 26 *Abb. 27*

B 4. Rudong (Wellen, Pendeln, Drehen)

Bei Rudong werden Yongdong (Wellen), Baidong (Pendeln) und Niudong (Drehschrauben) miteinander verbunden. Diese drei Übungen werden nicht nacheinander ausgeführt, sondern sie verbinden sich miteinander zu einer Übung. Diese Übung ist individuell so verschieden, dass sie schwer zu beschreiben ist. Auch wenn man sie als Anfänger nicht gleich beherrscht (bu zai qiao), bekommt man durch längeres Üben ein Gefühl dafür (yi you miao).

WICHTIGE HINWEISE

Bis hierher sind die »Vier Verschiedenen Bewegungen der Wirbelsäule« beschrieben und geübt worden. Das Qi ist aktiviert und zeigt seine Wirkung. Man spürt, wie es wärmend und prickelnd durch den ganzen Körper fließt. Während des Übens benutzt man die Vorstellung, um in sich hineinzuschauen. Es ist möglich, dass man die Wirbelsäule nicht nur innerhalb, sondern auch außerhalb des Körpers sieht.

Alle Bewegung geht von der Wirbelsäule aus. Die Wirbelsäule führt nicht nur die Bewegungen des ganzen Körpers, sondern auch die der inneren Organe. Dadurch wird der Ablauf der gesamten Körperfunktionen angeregt.

Durch einen Bewegungsablauf von unten nach oben und von oben nach unten, der die ganze Wirbelsäule in alle Richtungen bewegt, werden die sensorischen und motorischen Nerven stimuliert. Das Nervensystem wird angeregt und die Nerven werden gestärkt. Die traditionelle Chinesische Medizin schenkt der Stimulation des Zentralnervensystems große Bedeutung. Rückenmark und Gehirn sind verbunden. Deshalb ist die Wirbelsäule der Weg für das Qi. Es kann vom Steißbein bis zum Scheitel und umgekehrt fließen.

Das Öffnen des Dritten Auges und das Entspannen von Mi Chu entspannen den ganzen Körper. Entspannung ist der erste und wichtigste Schritt und löst eine Kette weiterer tieferer Entspannungen aus.

Die vier Grundbewegungen können den ganzen Körper bewegen. Eine Bewegung kann alles bewegen.

Entspannung und Bewegung dienen nur dazu, das Qi anzuregen und zu vermehren, um damit den Körper zu stärken. Schon beim Entspannen soll man das Qi spüren. Ursache und Wirkung sollen gleichzeitig im Auge behalten werden. Nur, wenn die Bewegung von der Vorstellung geführt wird, hat man Erfolg. Bewegungen können nur nach richtiger Entspannung geübt werden, und dies ist der Weg, um gesund zu werden und zu bleiben.

Wenn Entspannung und Bewegung sich richtig miteinander verbinden, erzielt man körperliche und geistige Ausgeglichenheit und ein angegriffener Gesundheitszustand kann verbessert werden.

Keine Entspannung, keine Bewegungsübungen
Entspannung, keine Bewegungsübungen
Keine Entspannung, aber Bewegungsübungen

Keine dieser aufgeführten Methoden ist korrekt.

• Ohne Entspannung und ohne Bewegungsübungen stirbt das Leben langsam ab.

• Entspannung ohne Bewegungsübungen macht passiv und träge.

• Bewegung ohne Entspannung ist nur mechanische Bewegung und schadet nach einiger Zeit der Gesundheit.

Die Entspannungsund Bewegungsübungen von Chan Mi-Oi Gong sind methodisch aufgebaut.

C. Nei Wai Xiang He
(Die inneren und äußeren Bewegungen koordinieren)

Theorie und Praxis:
Die Koordination der inneren und äußeren Bewegungen intensiviert die vier Grundbewegungen.
Die Bewegung der Wirbelsäule führt die Bewegung der inneren Organe, dann die der Gelenke und Muskeln und zum Schluss die des ganzen Körpers, bis sich alles zusammen bewegt. Damit hat man die äußeren und inneren Bewegungen koordiniert, auch die Bewegung der Finger und Zehen ist darin eingeschlossen.

Die Bewegung, die innen beginnt, geht von der Wirbelsäule aus und pflanzt sich von innen nach außen fort. Sie geht durch den ganzen Körper, die Haut, die Poren und weiter in die Unendlichkeit des Kosmos. Dies ist »you li ji biao« von innen nach außen, aber dieses »biao« hat keine Grenze.
Um das **Qi-Gefühl** zu verstärken, um damit eine bessere **Qi-Wirkung** zu haben, kann man die drei Bewegungen Wellen, Pendeln und Drehen einschließlich der entsprechenden Armbewegungen nacheinander ausführen und nicht, wie bei Rudong, kombinieren.

1. Während die Wirbelsäule wellt (Yongdong), heben sich die in Schulterbreite nicht ganz ausgestreckten Arme mit den Handflächen nach unten nach vorn und führen die Wellbewegung der Wirbelsäule bis über den Kopf (s. Abb.28–31).

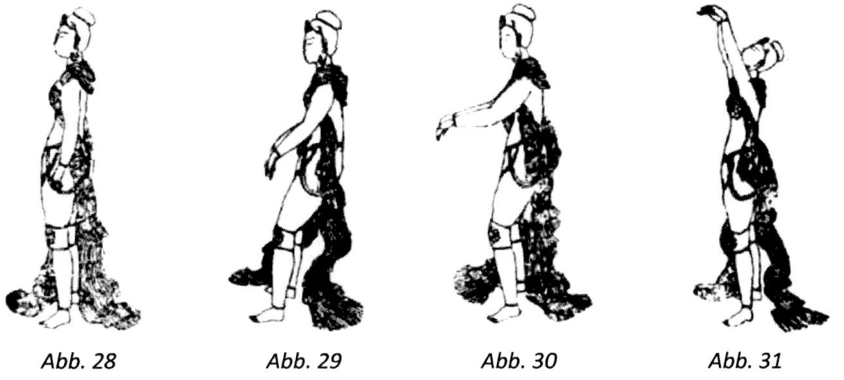

Abb. 28 *Abb. 29* *Abb. 30* *Abb. 31*

2. Die nicht ganz ausgestreckten Arme zeigen Richtung und führen anschließend die Schraubbewegung (Niudong) (s. Abb. 32–35).

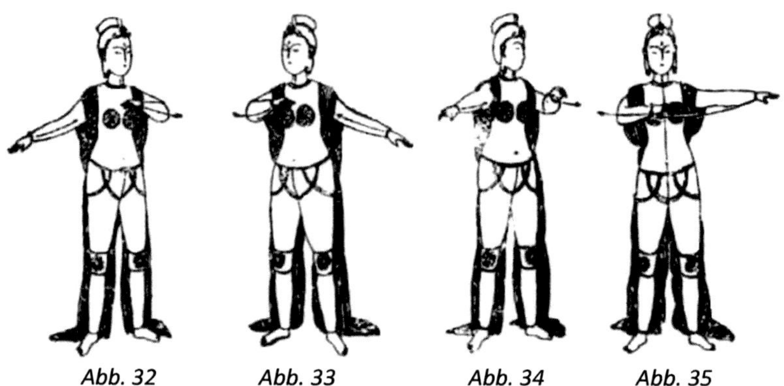

Abb. 32 *Abb. 33* *Abb. 34* *Abb. 35*

3. Anschließend unterstützen die seitlich nicht ganz ausgestreckten Arme die Pendelbewegung (Baidong) und kommen dann wieder zur Ausgangsstellung seitlich an den Körper zurück (s. Abb. 36–43).

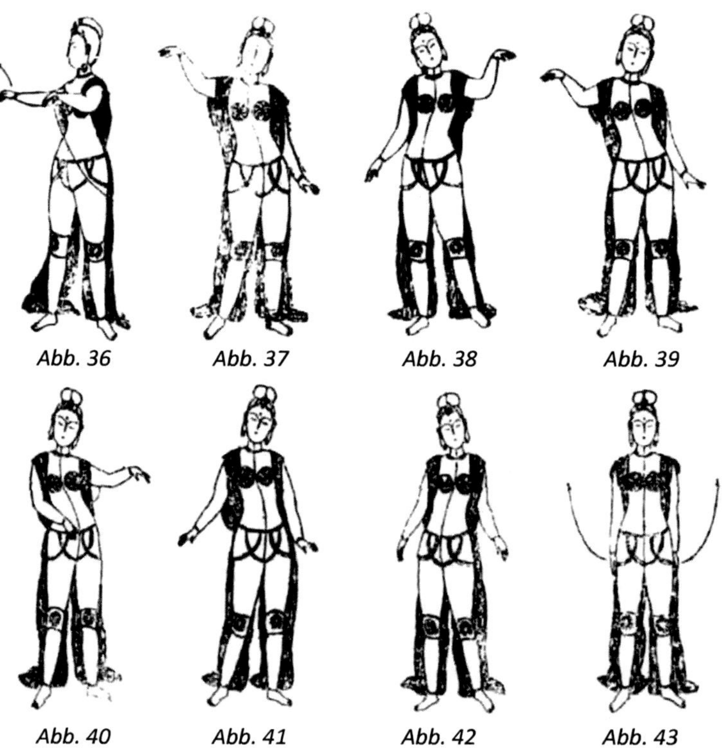

Abb. 36 *Abb. 37* *Abb. 38* *Abb. 39*

Abb. 40 *Abb. 41* *Abb. 42* *Abb. 43*

Die Arme bewegen sich leicht, weich, rund, langsam und fließend. Finger und Zehen bewegen sich mit. Das Steigen und Fallen des Qi mit Hilfe der Armbewegungen ist ein Ablauf und zählt als eine Übung.
Männer üben 3-, 6oder 9 mal, Frauen 2-, 4oder 6 mal.

Während man übt, schaut man mit dem inneren Auge in die Wirbelsäule hinein und beobachtet, wie die Wirbelsäule wellt, pendelt und dreht. Ruhe und Entspannung sind die Voraussetzungen.

D. She Ben Gui Zhou
Alles Losgelassene wieder zurückholen und im Zentrum aufnehmen.
Das Waschen des Rückenmarks mit Hilfe der Vorstellung.

Theorie und Praxis:
Ist das Dritte Auge geöffnet, kann man Loslassen (Aussenden), Zurückholen und wieder aufnehmen.
Richtige Entspannung ist die Voraussetzung sowohl für die Bewegungen als auch für die innere Ruhe.

Während man sich langsam bewegt und in sich hineinschaut, beobachtet man, wie sich die von der Wirbelsäule ausgehende Bewegung immer weiter in den Raum ausbreitet.
Nach der Übung holt man alles Losgelassene zurück und nimmt es auf. Dies ist der Sinn von »She Ben Gui Zhou«.

Man lässt die Bewegung langsam aufhören. Die beiden Arme heben sich seitlich, nicht ganz ausgestreckt, mit den Handflächen nach oben, bis über den Kopf. Dort berühren sich die Handflächen (He Shi). Anschließend zieht man die Hände nach unten dabei weisen die Finger nach oben langsam bis vor das Gesicht. Jetzt lösen sich die Handflächen voneinander. Die Fingerspitzen drehen sich so nach unten, dass die Handflächen zum Körper weisen. Die Hände gleiten dabei weiter nach unten.

Unterhalb des Nabels falten sich die Hände wie zum Gebet (Jie Tou Yin). Männer linker Zeigefinger oben, Frauen rechter Zeigefinger oben. Die Daumen berühren sich nur mit den Kuppen. Die Schultern sind entspannt, die Handgelenke fallen nach unten, die Mitten der Handflächen sind schräg auf den Nabel gerichtet. Gleichzeitig schaut man hinein in sein Zentrum im Unterbauch (s. Abb. 44–51).

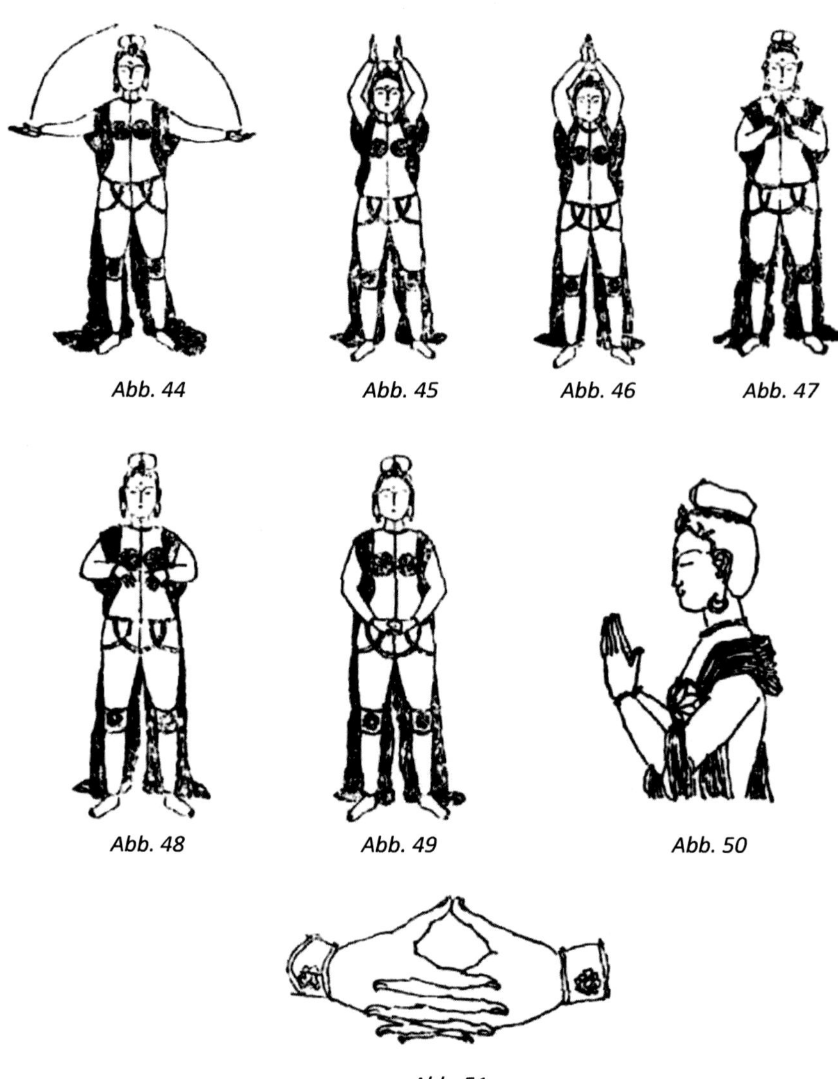

Abb. 44 *Abb. 45* *Abb. 46* *Abb. 47*

Abb. 48 *Abb. 49* *Abb. 50*

Abb. 51

Das Waschen des Rückenmarks (Xi Sui Guan Xiang)
ist eine Methode, bei der die Vorstellung benutzt wird.

Beim Zurückholen und Wiederaufnehmen »She Ben Gui Zhou« führt die Vorstellung das Qi durch die Wirbelsäule und wäscht dabei das Mark. Das ist ein sehr tiefgreifendes und wirkungsvolles Geschehen.

Diese Art der Vorstellung ist beim Abschluss aller Chan Mi-QiGongÜbungen, dem »Shougong«, notwendig. Nach »Xi Sui Guan Xiang« öffnet man langsam die Augen und die Übung ist beendet.

Das Waschen des Rückenmarks, »Xi Sui Guan Xiang«, ist eine der Besonderheiten von Chan Mi-QiGong.

> **Unsere Vorväter sagten:**
> **»Ist das Rückenmark sauber, kann man mit dem Dritten Auge sehen.«**

Lässt man die Vorstellung innerhalb der Wirbelsäule hinauf- und hinabgleiten, erscheinen vor dem inneren Auge sehr klare Bilder.

ERFAHRUNGEN:

Alles kommt zurück, nichts geht verloren
(She Ben Gui Zhou)

Das Waschen des Rückenmarks
(Xi Sui Guan Xiang)

Inneres und Äußeres verbinden sich
(Nei Wai Xiang He)

Bewegung kommt aus der Ruhe
(Dong Jing Jian Bei)

Wir fassen »die vier Bausteine« zusammen und sprechen darüber:

In der Ruhe bleibt ein Zustand erhalten.
Nur wenn Yin und Yang im Gleichgewicht sind, kann ein Zustand verbessert oder verändert werden. Wir haben über Bewegung und Ruhe gesprochen und verstehen somit Sinn und Methode von Qigong.

Ruhe-Bewegung-Ruhe oder Bewegung-Ruhe-Bewegung, wir verstehen, was zuerst oder was danach kommt, was richtig oder falsch ist, was Methode, was Ziel oder Ablauf ist. Zu all diesen Fragen kann man eine Antwort finden.

Man lernt und übt Chan Mi-QiGong, um einen Nutzen durch die Aktivierung von Qi zu erhalten. Wie gut die Wirkung ist, hängt von einer Übungsmethode ab, die sich durch die Praxis entwickelt hat. Die Übungsmethode ist das Wichtigste und Wertvollste, und sie beweist sich selbst.

Das Ziel der Qigong-Übungen ist, das aktivierte Qi zu körperlicher und geistiger Gesundung einzusetzen.

Da Qi eine äußere und innere Rolle spielt, ist der Sinn der QigongÜbungen die Aktivierung von Qi. Je mehr man übt, desto mehr Qi wird aktiviert. Erfahrung kommt mit der Praxis. Wir stellen deshalb fest, nur wenn man mit einer guten Methode Qigong lernt und übt, kann man Qi aktivieren, aufnehmen, damit umgehen und es erfolgreich zu einem Nutzen einsetzen.

Unsere Vorväter sagten:

Eine gute Methode und ausdauerndes Üben sind voneinander nicht trennbar, »Fa Gong Liang Xiang Yi«.

Nei Zhu Jing, Wai Zhu Dong:

Nei (innen) bezieht sich bei Chan Mi-QiGong auf das Selbst, den **Mikrokosmos.**

Wai (außen) bezieht sich auf den Kosmos, den **Makrokosmos.**

Jing ist Ruhe, sie ist die Voraussetzung, um das Qi anzuregen.

Dong ist Bewegung, sie vermehrt das Qi.

Um Ruhe und inneren Frieden zu finden, muss man:

Zuerst den Körper entspannen,
das Dritte Auge, Hui Zhong, öffnen und
den Raum über dem Damm, Mi Chu, lösen.

Erst wenn man zur Ruhe gekommen ist, kann man beginnen sich zu bewegen, wobei die Wirbelsäule die Bewegungen des ganzen Körpers führt.

Wai bedeutet auch, durch weiche, runde, leichte, langsame und fließende Bewegungen zur Ruhe zu kommen. Die Bewegungen beginnen im Körper und pflanzen sich fort in die Unendlichkeit des Raumes. Nur die Praxis bringt Erfahrung und Wissen.

Das Besondere an der Chan Mi-QiGong-Methode ist, zuerst das Qi im Körper anzuregen. Erst dann kann Qi von außen aufgenommen werden. Der Quell des Qi ist der Kosmos. Das Ziel ist es, Qi von außen aufzunehmen, um es zu einem Nutzen einzusetzen. Dieses ist die Grundlage von Chan Mi-QiGong.

Folgende Punkte bilden das Fundament der Chan MiQiGong Übungen:

- **Die vier Grundbewegungen,**
- **das Koordinieren der inneren und äußeren Bewegungen** (Nei Wai Xiang He),
- **das Losgelassene zurückholen und wieder aufnehmen** (She Ben Gui Zhou
- **die Vorstellung der Rückenmarkswaschung** (Xi Sui Guan Xiang).

Die Basisübung von Chan Mi-QiGong hat eine eigene Methode, Theorie und Energiequelle, um Qi erfolgreich zu einem Nutzen einzusetzen.

BEIJING, November 1988
Aus dem Chinesischen
Ursula Stummvoll
mit Unterstützung von Wang Li

1994 wurde die Fördergemeinschaft Chan Mi-QiGong Deutschland e. V. gegründet und als gemeinnütziger Verein eingetragen.
Großmeister Liu Han Wen ist Ehrenvorsitzender.
Die Fördergemeinschaft bildet Chan Mi-QiGong-Kursleiter und Lehrer aus:

Ausbildungsziele für Kursleiter/in
Grundlage: Qi wecken, mit Hilfe der Visualisierung führen

1. **Basis-Übung**
2. **Reinigungsübung**
3. **Übung zur Regulierung des Blutdrucks**
4. **Übung zur Stärkung der Sehkraft**
5. **Huigong**
   Eine Übung zur Steigerung der Wahrnehmungsfähigkeit
6. **Yin Yang He Qi Fa, Himmelund Erdeteil**
   Übung, um sich bewusst mit dem Yin-Qi und dem Yang-Qi zu verbinden.
7. **Tu Na Qi Fa 5, Teil 1**
   Qi-Ausgleich im Körper
8. **Theorie**
9. **Erfahrungsaustausch**

Mit dem Nachweis von insgesamt 130 Unterrichtsstunden erfolgt die Anerkennung als Kursleiter. Auf dieser Grundausbildung kann die Ausbildung zum Lehrer erfolgen. Voraussetzungen dazu sind weitere 130 Ausbildungsstunden bei freier Wahl der umseitig aufgeführten Übungen.

Ausbildungsziele für Lehrer/innen
Grundlage: Eigenes Qi mit dem Qi der Natur und des Kosmos verbinden

1. **Tu Na Qi Fa 1 und 2**
   Aufnahme und Abgabe von Yin-Qi und Yang-Qi
2. **Xi Yin Fa Teil 1**
   Unterscheidungunterschiedlicher Qualitäten von Qi
3. **Renbu**
   Öffnen der Energieherzen
   Verbindung mit dem Kosmos erfahren
4. **Ming Xin Fa**
   Übungen, um kosmisches Qi ins Herz zu holen und an ein anderes Herz abzugeben
5. **San Mi**
   die drei Geheimnisse, Antennen zum Kosmos: Körperhaltungen, Handhaltungen (Mudras), Töne (Mantras) und Visualisierungen
6. **Theorie**
7. **Erfahrungsaustausch**

Die Eignungsprüfung als Lehrer erfolgt vor einer Prüfungskommission.

- Großmeister Liu Han Wen bildet Lehrer im Chan Mi-QiGong Lehr- und Forschungszentrum in Dandong, China, aus.
- Es finden jährlich Qigong-Reisen nach China statt
- Meister aus China leiten Seminare in Deutschland
- Chan Mi-QiGong-Lehrer gibt es in ganz Deutschland

Frau Ursula Stummvoll ist 2006 verstorben.